スペイン語スピーキング

辻本千栄子
二村奈美

Escuchar y hablar

SANSHUSHA

●音声ダウンロード・ストリーミング

本書の付属 CD と同内容の音声がダウンロードならびにストリーミング再生でご利用いただけます。PC・スマートフォンで本書の音声ページにアクセスしてください。

https://www.sanshusha.co.jp/np/onsei/isbn/9784384055412/

本書は『ドイツ語スピーキング』(三宅恭子、ミヒャエラ・コッホ共著)のコンセプトをもとに執筆しています。三宅恭子氏、ミヒャエラ・コッホ氏に感謝の意を表します。

はじめに

　「早くスペイン語が話せるようになりたい」「旅先やホームステイ先などでスペイン語を実際に話してみたい」と願って、この本を手に取られた方も多いことでしょう。そして旅先で「レストランで料理を注文する」「駅で列車の切符を買う」など様々な場面でスペイン語を使ってコミュニケーションできたらどんなに嬉しいだろうと、学習者なら誰でも思うことでしょう。相手からの返事が聴き取れて、理解できるともっと嬉しいものです。
　この本は、そんな学習者の望みが少しでも叶えられればという考えから、リスニングとスピーキングを同時に練習して実践的なスペイン語を習得することを目的としています。
　本書の会話は、基本編ではスペイン語圏を旅行するときに出会うであろう場面を選んで構成しています。応用編ではもう一歩進んだ会話を練習したいというニーズに応えるために少し長めの会話を用意しています。
　会話は日常的に使われている表現を中心にしていますので、すぐに生きたスペイン語として活用することができます。また、それらの日常生活でよく使われる語彙や表現は、一度学習したものであっても何度か出てきます。繰り返して目に触れ、耳で聴き、口に出すことによって体で覚えていってください。
　まずは、簡単な表現を使って練習をし、スピーキング力とリスニング力を養っていきます。そして、応用表現を覚えることによって使える表現を増やしていくのが目標です。イラストを多く用いていますので、それぞれの場面を想像し、会話の流れを理解するのに大きな助けとなることでしょう。
　一日に僅かな時間でも構いませんので、繰り返しCDを聴いて、発音してみてください。初めは少し難しいと感じるかもしれません。そんな時は、まずはいくつかの単語を音声の後について繰り返す練習から始めてみましょう。そして次に、キーセンテンスの練習、続いてテキストの練習と進めていってみてください。不思議と発音できるようになってきます。
　練習は声を出すことが主になりますが、それには、まず注意をして聴くことが重要になります。フレーズの発音だけでなく、イントネーションやアクセント、リズムなどもよく聴き取り、正確に復唱してください。しばらく練習を続けていると、スピーキング力だけでなく、自然とリスニング力も身につく仕組みになっていることが実感できることでしょう。
　「継続は力なり」という言葉があります。ぜひ、この本と一緒に楽しみながら練習を続けてくださることを心から願っています。そして、その成果としてスペイン語が聴き取れ、話せるようになっていることを祈っています。

著　者

目 次

本書の構成と使い方　6
ウォーミングアップ　12

基本編

Unidad 1　Aeropuerto 空港 ………………………… 15

1　Facturación 搭乗手続き ………………………… 16
2　Control de pasaportes 入国審査 ………………… 22
3　Pérdida de equipaje 手荷物紛失 ………………… 28
　文法　発音と聞き取りのヒント ………………………… 36

Unidad 2　Hoteles y restaurantes ホテル、レストラン ……… 37

1　En la oficina de turismo 観光案内所で（ホテルやレストランを探す）38
2　Check in （ホテルでの）チェックイン ………………… 44
3　Pedir y pagar （レストランでの）注文と支払 ………… 50
　文法　丁寧な表現 ………………………………………… 58

Unidad 3　En la ciudad 街で …………………………… 59

1　En la estación de ferrocarriles 鉄道の駅で ………… 60
2　En el mercado 市場で …………………………… 66
3　En la farmacia 薬局で …………………………… 76
　文法　直説法と接続法、接続法現在 ……………………… 80

Unidad 4　Conocer gente 人と会う …………………… 81

1　Citarse 約束する ………………………………… 82
2　Visitar 訪問する ………………………………… 88
3　Expresar gustos 好みについて話す ……………… 94
　文法　再帰動詞 ………………………………………… 102

応用編

Unidad 5　Japón y su cultura 日本と文化 ･･････ 103

1　Viaje a Japón 日本への旅行 ･･････ 104
2　El Año Nuevo en Japón 日本のお正月 ･･････ 110
3　Comida japonesa 日本料理 ･･････ 116
　文法　接続法過去 ･･････ 124

Unidad 6　El cine de los países hispanohablantes スペイン語圏の映画 125

1　Ver películas 映画を見る ･･････ 126
2　El cine español スペイン映画 ･･････ 132
3　El cine latinoamericano ラテンアメリカ映画 ･･････ 138
　文法　直説法点過去・線過去 ･･････ 144

Unidad 7　España スペイン ･･････ 147

1　País multilingüe 多言語国家 ･･････ 148
2　Cocina española スペイン料理 ･･････ 154
3　Arquitectura de Gaudí ガウディの建築 ･･････ 160
　文法　比較表現 ･･････ 168

Unidad 8　Los países latinoamericanos ラテンアメリカ諸国 ･ 169

1　La variedad de su cultura 文化の多様性 ･･････ 170
2　El español de Latinoamérica ラテンアメリカのスペイン語 ･･････ 176
3　Latinoamérica y Japón ラテンアメリカと日本 ･･････ 182
　文法　無人称文 ･･････ 190

付録

基数、年号、時刻、序数、月、曜日、季節、天気、方角、形容詞・副詞
動詞活用表

本書の構成と使い方

　本書は 8 章に分かれています。基本編、応用編の 2 部構成で、それぞれ 4 つの章から成り立っています。さらに、各章は 3 つの場面に分かれています。基本編はスペイン語圏を旅行する際に出会うであろう場面をテーマにして構成されています。応用編はスペイン語圏の友人たちとの会話を想定しています。

◆基本編

Unidad 1	Aeropuerto	空港
Unidad 2	Hoteles y restaurantes	ホテル、レストラン
Unidad 3	En la ciudad	街で
Unidad 4	Conocer gente	人と会う

◆応用編

Unidad 5	Japón y su cultura	日本と文化
Unidad 6	El cine de los países hispanohablantes	スペイン語圏の映画
Unidad 7	España	スペイン
Unidad 8	Los países latinoamericanos	ラテンアメリカ諸国

　基本編の会話は日常よく使われる文や表現で構成してあります。各場面をイラストで表示することにより、情景をイメージしやすくしました。各場面は 6 ページの見開き構成で、Parte 1、Parte 2、日本語訳と Pausa（少し休憩）の 3 つの部分から成っています。

Parte 1 にはイラストと会話が記載されています。イラストを見ながら会話の流れを理解するとともに、CDを繰り返し聴いて発音をすることにより、スピーキングの練習もできるようになっています。特に重要な文や表現は「キーセンテンス」のコーナーを見ながら重点的に学習できるようにしました。内容の確認は、各項目の5ページ目にある日本語訳を見てみましょう。

シャドーイングとは？

　シャドーイング（shadowing）とは、聴こえてくる音声をほぼ同時に口頭で繰り返す練習法です。影（shadow）のように、聴こえてくるスペイン語をすぐ後から追いかけて同じように発音するトレーニングを言います。

　聴こえてくる音声をそっくりそのまま真似をするようにしましょう。すべてをそのまま真似をすることによって、スペイン語の発音からリズムやイントネーション、ポーズの置き方まで身につけることができます。スペイン語音声の少し後を追う感じで行ってください。

　まずはCDを何度も聴いてみましょう。次にCDの音声に続いて口の中でぶつぶつ言ってみましょう。それから、文章を見ながら、音読をします。言いにくい部分やスムーズに発音できない部分は繰り返し練習し、CDと同じスピードで音読できるようにしましょう。その次に文章を見ないでシャドーイングを行います。CDの音声を完璧にシャドーイングできるようになるまで何度も繰り返し練習しましょう。

　Parte 2 は **Parte 1** とまったく同じ場面・会話・イラストですが、主人公あるいは登場人物たちの台詞が空欄になっています。CD の方も空欄部分の台詞はポーズになっているので、役になりきって、実際の場面をイメージしながらスピーキングの練習をしてみましょう。毎日少しの時間でもいいので、CD を聴いて、繰り返し練習をしてください。

　テキストで使用した表現以外にも各場面で使用されることが多いフレーズや文については［応用表現］のコーナーにまとめてあります。CD のポーズの部分を応用表現のフレーズや自分の意見に置き換えて練習すれば、スピーキング力の強化につながります。

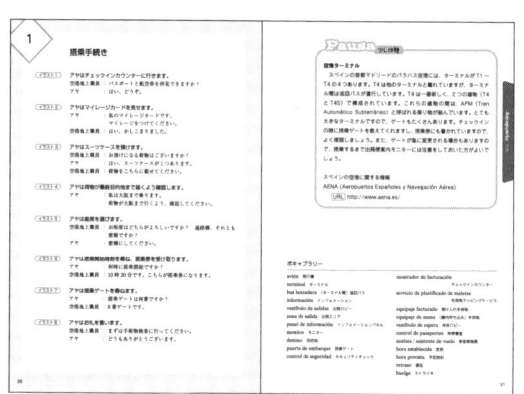

　Parte 1 の日本語訳を記載しています。確認用に利用してください。

　また、各場面の背景知識として役立つ知識や情報を Pausa（少し休憩）にまとめてあります。スペイン語圏の文化や習慣に関する知識は、会話の内容理解につながります。

　各場面に必要な単語は「ボキャブラリー」としてまとめてあります。語彙力を広げて、**Parte 2** の応用練習をしてもいいでしょう。

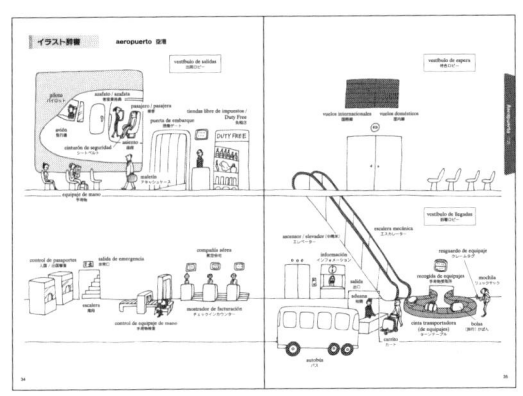

　各章の終わりには特に重要であると思われる単語を「イラスト辞書」としてイラストで表示しました。文字によってのみ単語を学習するよりも絵と文字の両方で単語を学習した場合、記憶が向上するという研究結果もあります。イラストを眺めながら語彙力の強化に役立ててください。

　また、その章で学習した文法項目についてわかりやすくまとめてあります。丸暗記も時には大切ですが、必要に応じて各場面で使われている文法を再確認すると、会話の流れの理解が深まり、よりスムーズにスピーキングができるようになります。

　応用編も基本編と同じように各場面は6ページで構成されています。場面をイメージしやすいようにイラストを使用していますが、会話文が少し長くなっていますので、会話とイラストの数は少なくしてあります。基本編と同様にイラストを見ながら会話の流れを理解してください。もし、理解するのが難しいと感じた場合は、5ページ目の日本語訳で意味を確認しましょう。

　スピーキングの練習も、この応用編では難しく感じることがあると思います。そんな時は文を区切って練習してみましょう。そして、少しずつ長い文に慣れていってください。最初は不可能に思えることでも、毎日続けていると数ヵ月後には簡単に思えてくるから不思議です。諦めずに一歩ずつ前に進んでいってください。

　CDはネイティブスピーカーが吹き込みを行いました。発音やイントネーションをできるだけ忠実に再現できるようになるまで練習をしてください。

　キーセンテンスと応用表現のコーナーでは、フレーズや文の前に●と◇を付けて話者を区別しています。●は係員や友人の台詞、◇印はこの本の主人公アヤの台詞になっています。

使い方例

Parte 1

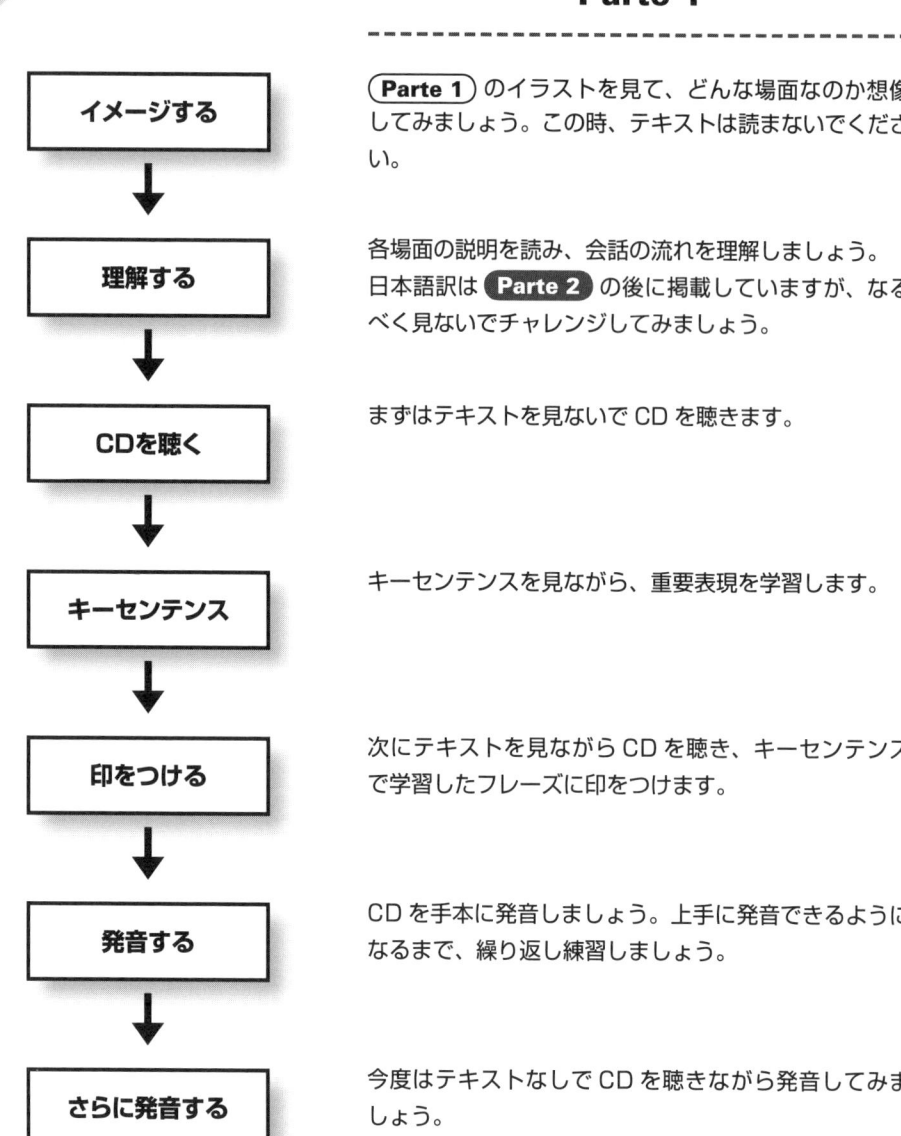

イメージする: **Parte 1** のイラストを見て、どんな場面なのか想像してみましょう。この時、テキストは読まないでください。

理解する: 各場面の説明を読み、会話の流れを理解しましょう。日本語訳は **Parte 2** の後に掲載していますが、なるべく見ないでチャレンジしてみましょう。

CDを聴く: まずはテキストを見ないでCDを聴きます。

キーセンテンス: キーセンテンスを見ながら、重要表現を学習します。

印をつける: 次にテキストを見ながらCDを聴き、キーセンテンスで学習したフレーズに印をつけます。

発音する: CDを手本に発音しましょう。上手に発音できるようになるまで、繰り返し練習しましょう。

さらに発音する: 今度はテキストなしでCDを聴きながら発音してみましょう。

Parte 2

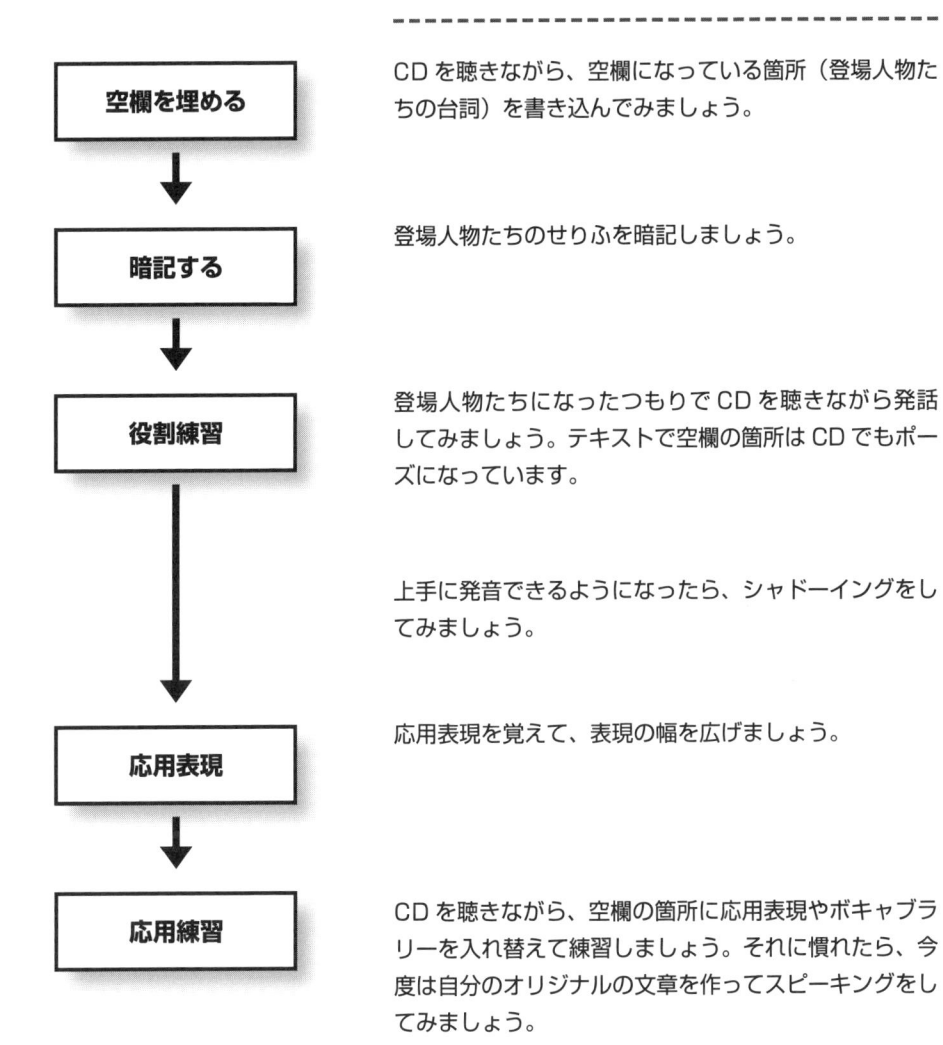

空欄を埋める

CDを聴きながら、空欄になっている箇所（登場人物たちの台詞）を書き込んでみましょう。

暗記する

登場人物たちのせりふを暗記しましょう。

役割練習

登場人物たちになったつもりでCDを聴きながら発話してみましょう。テキストで空欄の箇所はCDでもポーズになっています。

上手に発音できるようになったら、シャドーイングをしてみましょう。

応用表現

応用表現を覚えて、表現の幅を広げましょう。

応用練習

CDを聴きながら、空欄の箇所に応用表現やボキャブラリーを入れ替えて練習しましょう。それに慣れたら、今度は自分のオリジナルの文章を作ってスピーキングをしてみましょう。

ウォーミングアップ

本文に入る前に軽いウォーミングアップです。あいさつなど基本表現を発音してみましょう。

まずはテキストを見ないでCDを聴きます。できればCDの音を頼りにシャドーイングをしてみましょう。次にテキストを見ながらCDを聴き直して内容と発音を確認し、その後テキストを見ずにCDの音声に半歩遅れてそっくりそのまま発音してみましょう。

あいさつ　　　　　　　　　　　　　　　　　　　　　　　　　Track 1

¡Hola!	やあ！
Buenos días.	おはようございます。
Buenas tardes.	こんにちは。
Buenas noches.	こんばんは。
¡Hasta luego!	それではまた！
Adiós.	さようなら。
¿Cómo está usted?	お元気ですか？
Muy bien, gracias. ¿Y usted?	とても元気です。おかげさまで。あなたは？

重要表現　　　　　　　　　　　　　　　　　　　　　　　　　Track 2

Gracias.	ありがとう。
De nada.	どういたしまして。
Perdón.	すみません。
Otra vez, por favor.	もう一度お願いします。
Un momento, por favor.	少し待ってください。

初対面で　　　　　　　　　　　　　　　　　　　　　　　　　Track 3

¿Cómo se llama usted?	お名前は？
Me llamo Aya.	私の名前はアヤです。
Mucho gusto.	はじめまして。
¿De dónde es usted?	あなたはどこの出身ですか？
Soy de Japón.	日本出身です。
Hablo español un poco.	スペイン語を少し話します。

次は文章のシャドーイングに挑戦してみましょう。

Track 4

¡Hola! Me llamo Aya Suzuki. Mucho gusto. Estudio español en una universidad de Kobe. Ahora estoy viajando por España para conocer su cultura.

Aunque hace dos años que estudio español, a veces me cuesta mucho entenderlo. Pero, bueno, estoy disfrutando del viaje.

> 訳　こんにちは、はじめまして。鈴木アヤです。神戸の大学でスペイン語を勉強しています。いまスペインの文化を知ろうとスペインを旅行中です。
> 　スペイン語を勉強して２年ですが、まだスペイン語がわからないときがあります。でも、とにかく旅を楽しんでいるところです。

Track 5

Érase una vez, vivía una pareja de ancianos en un pueblito.
Un día, el anciano fue a la montaña para recoger leña, mientras que su esposa iba al río a lavar la ropa.
La anciana estaba fregando la ropa, cuando algo extraño llegó flotando por el río. Era un melocotón grande.

> 訳　昔むかし、あるところにおじいさんとおばあさんが住んでいました。
> 　ある日おじいさんは山へ柴刈りに、おばあさんは川へ洗濯に行きました。
> 　おばあさんが川で洗濯をしていると、どんぶらこ、どんぶらこ、と大きな桃が流れてきました。

発音のポイント

あいさつなどの慣用句、熟語などは単語ごとにポーズを置かずにつなげて発音します。単語単位でとらえず、音のかたまりを意識して発音しましょう。CDの発音、抑揚などを忠実にリピートすることがポイントです。CDを聴きながら、ポーズの置かれている場所や、イントネーションが上がる場所などに印を付けて練習するのも効果的です。

Unidad 1
Track 6-15

Aeropuerto 　　　　　　　　　空港

1. **Facturación**　　　　搭乗手続き
2. **Control de pasaportes**　入国審査
3. **Pérdida de equipaje**　手荷物紛失

1 Facturación …… 搭乗手続き　　Track 6

Parte 1　搭乗手続きのシーンです。まずは CD を聴いてみましょう。

¿Puede mostrarme su pasaporte y su billete, por favor?

Sí, aquí los tiene.

Aya va al mostrador de facturación.

Ésta es mi tarjeta. ¿Puede puntuar con mi tarjeta?

Sí, de acuerdo.

Aya muestra su tarjeta.

¿Tiene equipaje para facturar?

Sí, tengo una maleta.

Colóquela aquí, por favor.

Aya factura su maleta.

Vuelo hasta Osaka. Compruebe que mi equipaje vaya hasta Osaka.

Aya confirma que su maleta va a su destino final.

重要表現を覚えましょう。
キーセンテンス

- ¿Puede mostrarme su pasaporte y su billete, por favor?
  パスポートと航空券を拝見できますか？

◇ ¿Puede puntuar con mi tarjeta?
  ＝¿Puede sumar millas?
  マイレージをつけてもらえますか？

- ¿Tiene equipaje para facturar?
  （お預けになる）お荷物はございますか？

◇ Vuelo hasta Osaka.
  私は大阪まで乗ります。

◇ Compruebe que el equipaje llegue hasta Osaka.
  荷物が大阪に届くよう確認してください。

Unidad 1 1 Track 6

Aya elige el asiento.

Aya pregunta la hora de embarque y recibe su tarjeta de embarque.

Aya pregunta el número de la puerta de embarque.

Aya da las gracias.

- ¿Qué asiento prefiere Ud.?
  お座席はどちらがよろしいですか？
- ¿Pasillo o ventana?
  通路側、それとも窓側ですか？
- ◇¿A qué hora empieza el embarque?
  何時に搭乗開始ですか？
- ◇¿Cuál es (el número de) la puerta de embarque?
  搭乗ゲートは何番ですか？
- La puerta número 8.
  8番ゲートです。
- Primero, vaya al control de equipaje de mano.
  まずは手荷物検査に行ってください。

1 Facturación

Track 7

Parte 2 今度はアヤになって、搭乗手続きをしてみましょう。

Aya va al mostrador de facturación.

Aya muestra su tarjeta.

Aya factura su maleta.

Aya confirma que su maleta va a su destino final.

チェックインカウンターで役立つ表現を覚えましょう。

応用表現

Track 8

◇ ¿Dónde está el mostrador de facturación / la información?
チェックインカウンター / インフォメーションはどこにありますか？

◇ He reservado la comida para niños / la comida vegetariana.
キッズメニュー / ベジタリアンメニューを予約してあります。

◇ Querría un asiento al lado de mi marido / esposa.
夫 / 妻の隣の席がいいのですが。

Aya elige el asiento.

Aya pregunta la hora de embarque y recibe su tarjeta de embarque.

Aya pregunta el número de la puerta de embarque.

Aya da las gracias.

- La salida se retrasa 20 minutos.
  出発は20分遅れています。
- ◇ Tengo dos bultos / equipajes en total.
  荷物は全部で2個です。
- El equipaje tiene exceso de peso.
  荷物は重量超過です。
- Tiene que pagar un plus por exceso de peso.
  重量超過料金をお支払いいただかなければなりません。
- Puede embarcar a las 10 y 20.
  10時20分に搭乗できます。

1 搭乗手続き

- イラスト1　**アヤはチェックインカウンターに行きます。**
  空港地上職員：パスポートと航空券を拝見できますか？
  アヤ　　　　：はい、どうぞ。

- イラスト2　**アヤは（マイレージ）カードを見せます。**
  アヤ　　　　：私の（マイレージ）カードです。
  　　　　　　　マイレージをつけてください。
  空港地上職員：はい、かしこまりました。

- イラスト3　**アヤはスーツケースを預けます。**
  空港地上職員：お預けになる荷物はございますか？
  アヤ　　　　：はい、スーツケースが1つあります。
  空港地上職員：荷物をこちらに載せてください。

- イラスト4　**アヤは荷物が最終目的地まで届くよう確認します。**
  アヤ　　　　：私は大阪まで乗ります。
  　　　　　　　荷物が大阪まで行くよう、確認してください。

- イラスト5　**アヤは座席を選びます。**
  空港地上職員：お座席はどちらがよろしいですか？　通路側、それとも窓側ですか？
  アヤ　　　　：窓側にしてください。

- イラスト6　**アヤは搭乗開始時刻を尋ね、搭乗券を受け取ります。**
  アヤ　　　　：何時に搭乗開始ですか？
  空港地上職員：10時20分です。こちらが搭乗券になります。

- イラスト7　**アヤは搭乗ゲートを尋ねます。**
  アヤ　　　　：搭乗ゲートは何番ですか？
  空港地上職員：8番ゲートです。

- イラスト8　**アヤはお礼を言います。**
  空港地上職員：まずは手荷物検査に行ってください。
  アヤ　　　　：どうもありがとうございます。

Pausa 少し休憩

空港ターミナル

　スペインの首都マドリードのバラハス空港には、ターミナルがT1〜T4の4つあります。T4は他のターミナルと離れていますが、ターミナル間は巡回バスが運行しています。T4は一番新しく、2つの建物（T4とT4S）で構成されています。これらの建物の間は、APM（Tren Automático Subterráneo）と呼ばれる乗り物が結んでいます。とても大きなターミナルですので、ゲートもたくさんあります。チェックインの時に搭乗ゲートを教えてくれますし、搭乗券にも書かれていますので、よく確認しましょう。また、ゲートが急に変更される場合もありますので、搭乗するまで出発便案内モニターには注意をしておいた方がよいでしょう。

スペインの空港に関する情報
AENA (Aeropuertos Españoles y Navegación Aérea)
　URL http://www.aena.es/

Aeropuerto 空港

ボキャブラリー

avión　飛行機
terminal　ターミナル
bus lanzadera　（ターミナル間）巡回バス
información　インフォメーション
vestíbulo de salidas　出発ロビー
zona de salidas　出発エリア
panel de información　インフォメーションパネル
monitor　モニター
destino　目的地
puerta de embarque　搭乗ゲート
control de seguridad　セキュリティチェック

mostrador de facturación
　　　　　　　　　　　　チェックインカウンター
servicio de plastificado de maletas
　　　　　　　　　　　　手荷物ラッピングサービス
equipaje facturado　預け入れ手荷物
equipaje de mano　（機内持ち込み）手荷物
vestíbulo de espera　待合ロビー
control de pasaportes　旅券審査
azafata / azafato / asistente de vuelo　客室乗務員
hora establecida　定刻
hora prevista　予定時刻
retraso　遅延
huelga　ストライキ

2 — Control de pasaportes ······ 入国審査　　Track 9

Parte 1　入国審査のシーンです。まずは CD を聴いてみましょう。

Aya espera su turno en la inmigración.

Aya entrega su pasaporte al inspector.

El inspector pregunta a Aya de dónde viene ella.

El inspector le pregunta sobre la duración de su estancia.

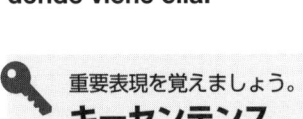

重要表現を覚えましょう。
キーセンテンス

- El siguiente / La siguiente, por favor.
  お次の方、どうぞ。
- ¿Me enseña su pasaporte, por favor?
  パスポートを見せてもらえますか？
- ¿Cuánto tiempo va a estar en España?
  スペインにどのくらい滞在されるご予定ですか？
- ¿Cuál es el motivo de su estancia?
  滞在の目的は何ですか？
- ◇ Voy a pasar las vacaciones.
  休暇を過ごします。

Unidad 1

Track 9

El inspector le pregunta sobre el propósito de su estancia.

El inspector le pide que muestre el billete de regreso.

El inspector le pregunta sobre el alojamiento.

Aya recibe su pasaporte.

- ¿Tiene el billete de regreso / vuelta?
  帰りの航空券はお持ちですか？
- ◇ Sí, por supuesto.
  はい、もちろんです。
- ¿Dónde va a alojarse?
  どこに滞在するご予定ですか？
- ◇ En el Hotel Gaudí.
  ガウディホテルです。
- ¡Que tenga un buen viaje / unas buenas vacaciones!
  どうかよいご旅行を！／よい休暇を！

2 Control de pasaportes

Track 10

Parte 2 今度はアヤになって、入国審査を受けてみましょう。

Aya espera su turno en la inmigración.

Aya entrega su pasaporte al inspector.

El inspector pregunta a Aya de dónde viene ella.

El inspector le pregunta sobre la duración de su estancia.

入国審査で役立つ表現を覚えましょう。
応用表現

Track 11

◇ Vengo de negocios / vacaciones.
仕事 / 休暇で来ました。

◇ Vengo a hacer turismo.
観光で来ました。

◇ Viajo en grupo.
グループ（ツアー）で旅行しています。

◇ Soy becario / becaria de intercambio.
交換留学生です。

◇ Voy a estudiar en una escuela de idiomas.
語学学校に通います。

Unidad 1 — 2 — Track 10

El inspector le pregunta sobre el propósito de su estancia.

El inspector le pide que muestre el billete de regreso.

El inspector le pregunta sobre el alojamiento.

Aya recibe su pasaporte.

◇ Voy a hospedarme con una familia.
ホストファミリー宅に滞在します。

◇ Voy a quedarme en casa de un amigo.
友人宅に滞在します。

● ¿Puede mostrarme el billete de avión?
航空券をお見せ願えますか？

● ¿Tiene el visado / permiso de residencia?
ビザ / 滞在許可証をお持ちですか？

2　入国審査

- (イラスト1)　アヤは入国審査の順番を待っています。
  入国審査官　：　お次の方、どうぞ。

- (イラスト2)　アヤは入国審査官にパスポートを渡します。
  入国審査官　：　パスポートを見せてもらえますか？
  アヤ　　　　：　はい、どうぞ。

- (イラスト3)　審査官はどこから来たのかを尋ねます。
  入国審査官　：　どちらからいらっしゃいましたか？
  アヤ　　　　：　日本からです。

- (イラスト4)　審査官は滞在期間について尋ねます。
  入国審査官　：　スペインにどのくらい滞在されるご予定ですか？
  アヤ　　　　：　15日間です。

- (イラスト5)　審査官は滞在目的について尋ねます。
  入国審査官　：　滞在の目的は何ですか？
  アヤ　　　　：　（ここで）休暇を過ごします。

- (イラスト6)　審査官は帰りの航空券の提示を求めます。
  入国審査官　：　帰りの航空券はお持ちですか？
  アヤ　　　　：　はい、もちろんです。ご覧になりますか？
  入国審査官　：　お願いします。

- (イラスト7)　審査官は滞在先について尋ねます。
  入国審査官　：　どちらに滞在されるご予定ですか？
  アヤ　　　　：　バルセロナのガウディホテルです。

- (イラスト8)　アヤはパスポートを受け取ります。
  入国審査官　：　結構です。パスポートをお返しします。
  　　　　　　　　どうかよいご旅行を！
  アヤ　　　　：　どうもありがとうございます。

Pausa 少し休憩

入国審査

　ラテンアメリカ諸国を旅行する場合は入国審査をその国で受けますが、スペインの場合は、現在、日本からスペインへ直行便以外で行く場合は、ヨーロッパ内の他の国を経由して行くことになります。シェンゲン条約（加盟国間の相互の通行自由化と手続きの簡素化を目的に定められた共通滞在協定）加盟国を経由する場合には、条約加盟国で初めに入った国で入国審査がなされます。ここでパスポートコントロールをしますが、パスポートにスタンプを押されることはあまりありませんし、質問もほとんどされません。

　税関審査は、スペインの空港で荷物を受け取った後ですが、課税対象となるものを持っている場合にのみ赤色のゲートに進みます。免税範囲を超える品物を持っていない場合は、申告の必要はありませんので、そのまま出口に向かいます。

Aeropuerto 空港

ボキャブラリー

vestíbulo de llegadas　到着ロビー
salida　出口
recogida de equipajes　手荷物受取所
tránsito　トランジット
vuelo　便、フライト
conexión de vuelos　乗り継ぎ
hacer escala　乗り継ぐ

vuelo de conexión　乗り継ぎ便
vuelo directo　直行便
zona / centro de conexiones　乗り継ぎエリア
vuelos internacionales　国際線
vuelos domésticos / nacionales　国内線
zona Schengen　シェンゲン条約加盟国

3 Pérdida de equipaje ····· 手荷物紛失   Track 12

Parte 1 アヤの荷物が見つかりません。まずは CD を聴いてみましょう。

Aya busca la recogida de equipajes.

Un empleado de aeropuerto indica a Aya la cinta transportadora.

Aya no encuentra la maleta.

Aya va a la oficina de recogida de equipajes.

 重要表現を覚えましょう。
キーセンテンス

◇ ¿Dónde puedo recoger mi equipaje?
荷物はどこで受け取ることができますか？

● Vaya a la cinta (transportadora) 3.
ターンテーブル 3 に行ってください。

◇ No encuentro mi maleta.
私のスーツケースが見つかりません。

◇ ¿Qué debo hacer?
どうすればいいですか？

● Allí se encargan de buscarla.
そちらでお探しいたします。

● Muestre el resguardo de su equipaje.
手荷物引換証を見せてください。

El empleado de la oficina dice a Aya que muestre el resguardo.

Aya explica el color y la forma de su maleta.

El empleado le dice que rellene el impreso.

El empleado continúa la explicación.

- ¿Cómo es su maleta?
  どのようなスーツケースですか？
- Es una maleta negra con rueditas.
  キャスター付の黒色のスーツケースです。
- Rellene este impreso.
  この書類にご記入ください。
- Le enviamos la maleta al hotel en cuanto la encontremos.
  スーツケースを見つけ次第、（お泊りの）ホテルにお届けします。

3 Pérdida de equipaje   Track 13

Parte 2 今度はアヤになって、手荷物引渡所で手荷物紛失の届出をしてみましょう。

Aya busca la recogida de equipajes.

Un empleado de aeropuerto indica a Aya la cinta transportadora.

Aya no encuentra la maleta.

Aya va a la oficina de recogida de equipajes.

 手荷物に関する表現です。
応用表現

Track 14

◇ Éste es el resguardo de equipaje.
これが手荷物引換証です。

◇ La maleta está rota / estropeada.
スーツケースが壊れています。

◇ Me he equivocado de maleta.
スーツケースを間違えてしまいました。

◇ He equivocado mi maleta con la otra.
スーツケースを取り違えました。

◇ Éste no es mi equipaje.
= Este equipaje no es mío.
これは私の荷物ではありません。

El empleado de la oficina dice a Aya que muestre el resguardo.

Aya explica el color y la forma de su maleta.

El empleado le dice que rellene el impreso.

El empleado continúa la explicación.

◇ Mi maleta es de tamaño grande / pequeño.
私のスーツケースは大型 / 小型です。

◇ Tengo que comprar lo mínimo necesario.
最低限必要な物を買わなくてはなりません。

◇ ¿Me lo puede pagar la compañía aérea?
航空会社が支払ってくれますか？

◇ ¿Podría llamarme al hotel si la encuentra?
見つかったらホテルに連絡をいただけますか？

3 手荷物紛失

- イラスト1　アヤは手荷物受取所を探しています。
  - アヤ　　　　：すみません。荷物はどこで受け取ることができますか？
  - 空港係員　　：便名を教えてください。
  - アヤ　　　　：パリ発のAF1348です。

- イラスト2　空港係員はターンテーブルを指し示します。
  - 空港係員　　：ターンテーブル3へ行ってください。
  - アヤ　　　　：ありがとう。

- イラスト3　アヤはスーツケースを見つけることができません。
  - アヤ　　　　：私のスーツケースが見つかりません。どうすればいいですか？
  - 空港係員　　：手荷物受取所の事務所に行ってください。そちらでお探しいたします。

- イラスト4　アヤは手荷物受取所の事務所に行きます。
  - 手荷物受取所係員　：何かご用ですか？
  - アヤ　　　　　　　：私のスーツケースが見つかりませんでした。

- イラスト5　係員は手荷物引換証（クレームタグ）を見せるように言います。
  - 手荷物受取所係員　：手荷物引換証を見せてください。
  - アヤ　　　　　　　：どうぞ。

- イラスト6　アヤは自分のスーツケースの形状について説明します。
  - 手荷物受取所係員　：どのようなスーツケースですか？
  - アヤ　　　　　　　：キャスター付の黒色のスーツケースです。

- イラスト7　アヤは書類に記入するよう言われます。
  - 手荷物受取所係員　：この書類にご記入ください。
  - アヤ　　　　　　　：ボールペンはありますか？
  - 手荷物受取所係員　：これをお使いください。

- イラスト8　係員は説明を続けます。
  - 手荷物受取所係員　：スーツケースを見つけ次第、（お泊りの）ホテルにお届けします。
  - アヤ　　　　　　　：どうもありがとう。

Pausa 少し休憩

荷物の受け取り

　出発時に預けた手荷物の受け取りですが、荷物が出てくるターンテーブルは到着した飛行機の便名ごとに分かれていますので、自分が利用した便名を確認しておきましょう。また、自分の荷物が出てこない場合は、利用航空会社のカウンターか手荷物受取所の事務所で尋ねましょう。乗り継ぎ便の場合、積み替えの時間が短い時があり、別の便に載せられることがあるようです。通常は1〜2日ほどで指定の滞在先に届けてくれますが、時には1週間以上も届かないということもあります。手荷物紛失の際にはクレームタグが必要になりますので、くれぐれも自分の荷物を受け取るまではなくさないようにしましょう。

Aeropuerto 空港

ボキャブラリー

resguardo / talón de resguardo　　手荷物引換証、クレームタグ
etiqueta con el nombre　ネームタグ、名札
baúl　トランク
bolsa　（旅行）かばん
maleta / valija　（中南米）スーツケース
maletín　アタッシュケース

mochila　リュックサック
seguro de equipaje　手荷物保険
recogida de equipajes　手荷物受取所
cinta transportadora (de equipajes)　　ターンテーブル
aduana　税関
declaración de aduana　税関申告

イラスト辞書

aeropuerto 空港

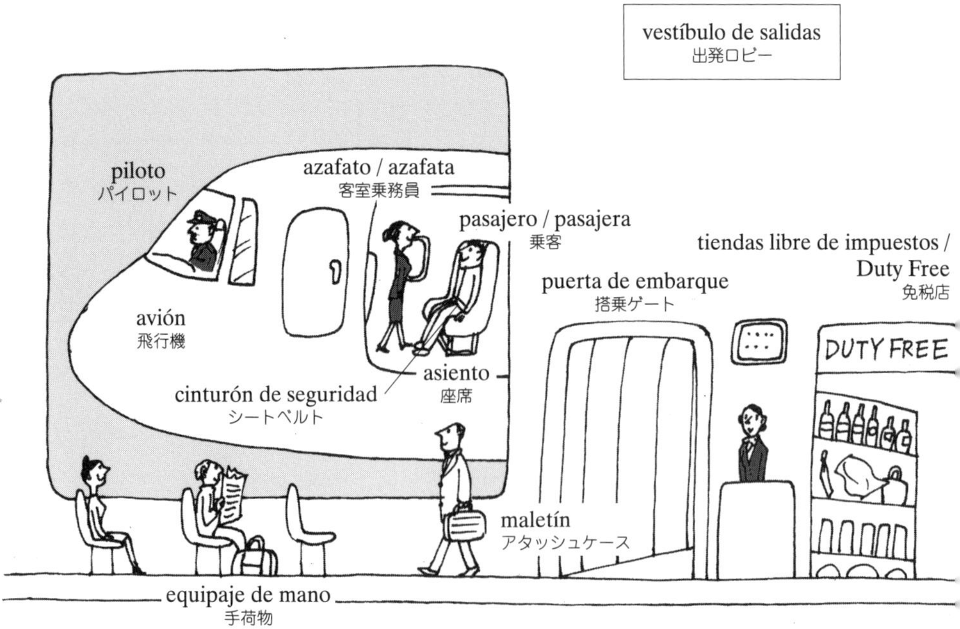

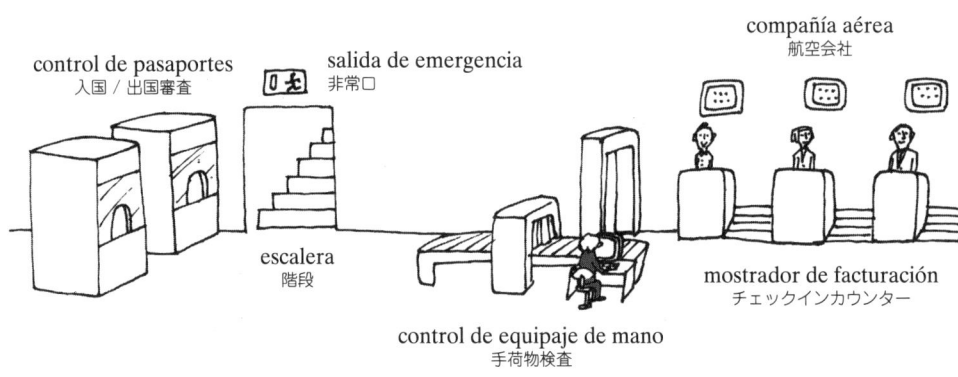

Aeropuerto 空港

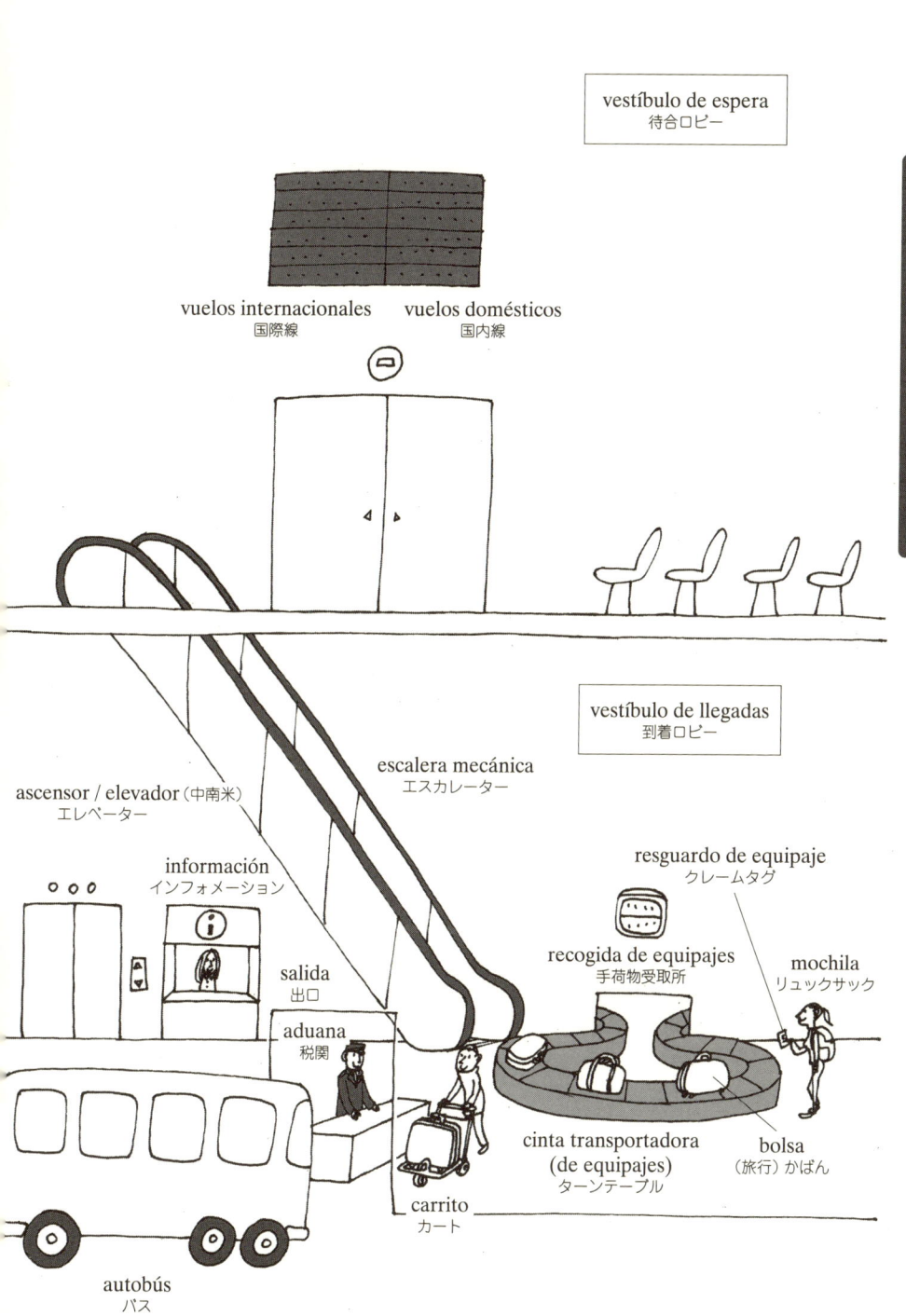

vestíbulo de espera
待合ロビー

vuelos internacionales
国際線

vuelos domésticos
国内線

vestíbulo de llegadas
到着ロビー

ascensor / elevador (中南米)
エレベーター

escalera mecánica
エスカレーター

información
インフォメーション

resguardo de equipaje
クレームタグ

salida
出口

recogida de equipajes
手荷物受取所

mochila
リュックサック

aduana
税関

cinta transportadora
(de equipajes)
ターンテーブル

bolsa
(旅行) かばん

carrito
カート

autobús
バス

Gramática

Track 15

発音と聞き取りのヒント

❶意味のかたまり

　文章を読む際のポイントは、意味のかたまり、文の区切りを意識することです。文章の区切りを間違えると伝わりにくいスペイン語になってしまいます。慣用句、熟語、動詞句、副詞句、前置詞句などは単語ごとにポーズを置かずにつなげて発音します。音のかたまりを意識して発音することが大切です。

　逆に、スペイン語を聞き取る際にも同じことが言えます。「熟語や慣用句はひとまとまりで読まれる」、また「子音の後ろに母音が続く場合、単語がつながって聞こえることが多い」といった点を念頭に置いて聞き取ると文章が理解しやすくなります。

　　Vamos a la playa.　　海水浴に行きましょう。
　　（×バモス・ア・ラ・プラヤ）
　　（○バモサ・ラ・プラヤ）

　　Mañana todo el día estaré ocupada. Por eso no puedo ir.
　　　　　　　　　　　　　　　　　　　　　明日は1日中忙しいので行けません。
　　（×マニャナ・トド・エル・ディア・エスタレ・オクパダ．ポル・エソ・ノ・プエド・イル）
　　（○マニャナ・トドエルディア・エスタレ・オクパダ．ポレソ・ノ・プエドイル）

❷強勢語と無強勢語

　文章を読む際、強勢語と無強勢語を意識することも大切です。文中でアクセントを帯びる品詞と帯びない品詞を意識することで、伝えたい要素が強調され、文章の意味にメリハリができます。一般的に以下のような品詞で強弱が分かれると言われます。

　強勢語：不定冠詞、名詞、形容詞、主格人称代名詞、副詞、動詞、間投詞
　無強勢語：定冠詞、所有形容詞前置形、指示形容詞、目的格人称代名詞、
　　　　　　再帰代名詞、前置詞、関係詞、接続詞

　例えば、次の文章では太字の部分が強めに読まれます。

　　Ahora estoy **viajando** por **España** para **conocer** su **cultura.**
　　いま私はスペインの文化を知ろうとスペインを旅行中です。

つまり聞き手に伝えたい要素にアクセントを置く、というのが基本になります。

Unidad 2

Track 16-24

Hoteles y restaurantes
ホテル、レストラン

1. **En la oficina de turismo** (Buscar hoteles y restaurantes)
   観光案内所で（ホテルやレストランを探す）
2. **Check in (en el hotel)**
   （ホテルでの）チェックイン
3. **Pedir y pagar (en el restaurante)**
   （レストランでの）注文と支払

1. En la oficina de turismo ····· 観光案内所で
(Buscar hoteles y restaurantes) (ホテルやレストランを探す)

Track 16

Parte 1 観光案内所でホテルを探すシーンです。まずは CD を聴いてみましょう。

> Buenas tardes. Estoy buscando un hotel bueno y barato.

Aya está en una oficina de turismo para buscar un hotel.

> ¿Cuánto quiere Ud. pagar?

> Menos de 35 euros por noche.

El empleado pregunta a Aya el precio deseado.

> ¿Dónde lo desea?

> Prefiero uno cerca de la estación.

El empleado le pregunta el lugar deseado.

> ¿Qúe le parece esta habitación en el Hotel Central que cuesta 34 euros?

El empleado le indica una habitación.

重要表現を覚えましょう。
キーセンテンス

◇ Estoy buscando un hotel barato.
安いホテルを探しています。

● ¿Cuánto quiere Ud. pagar?
どのくらいの値段が希望ですか？ご予算は？

◇ Menos de 35 euros por noche.
= Como máximo 35 euros por noche.
1晩 35 ユーロまでがいいです。

● ¿Dónde lo / la desea?
どちらでそれをお探しですか？

◇ Prefiero uno / una cerca de la estación.
駅の近くがいいです。

● ¿Qúe le parece esta habitación / este restaurante?
この部屋 / レストランはどうですか？

Unidad 2 — Track 16

¿Cuánto tiempo se tarda a pie desde la estación?

Se tarda unos 15 minutos.

¿No hay otro más cerca?

Sí, hay varios. Pero cuestan más.

Aya pregunta la distancia desde la estación.

Aya pregunta si hay otro más cerca.

Entonces, querría reservar esta habitación.

Bueno. Le doy la dirección y el número de teléfono del hotel. Llame al hotel Ud. misma, por favor.

Otra pregunta. ¿Hay buenos restaurantes cerca del hotel?

En la avenida hay varios restaurantes donde se come bien.

¡Qué bueno! Gracias por su ayuda.

Aya piensa reservar la habitación del Hotel Central.

Aya pregunta si hay buenos restaurantes cerca del hotel.

Hoteles y restaurantes ホテル, レストラン

◇ ¿Cuánto se tarda a pie / en metro / en autobús desde la estación?
駅から徒歩で / 地下鉄で / バスでどのくらい時間がかかりますか？

◇ ¿No hay otro hotel más cerca / más barato?
もっと近くに / もっと安いホテルはありませんか？

◇ Querría reservar esta habitación / este restaurante.
この部屋 / レストランを予約したいのですが。

● Vale. (スペイン) / Bueno. / O.K.
わかりました。いいですよ。

◇ Gracias por su ayuda.
ありがとうございます。おかげで助かりました。

1 En la oficina de turismo (Buscar hoteles y restaurantes) **Track 17**

Parte 2 今度はアヤになって、ホテルやレストランを探してみましょう。

¿Cuánto quiere Ud. pagar?

Aya está en una oficina de turismo para buscar un hotel.

El empleado pregunta a Aya el precio deseado.

¿Dónde lo desea?

¿Qué le parece esta habitación en el Hotel Central que cuesta 34 euros?

El empleado le pregunta el lugar deseado.

El empleado le indica una habitación.

ホテルやレストランを予約する際に役立つ表現を覚えましょう。

応用表現

Track 18

◇ ¿Tienen una habitación libre para cinco noches desde el día 10 de febrero?
2月10日から5泊したいのですが空いている部屋はありますか？

◇ Mi nombre es Aya, A-Y-A. Y mi apellido es Suzuki, S-U-Z-U-K-I.
私の名前はアヤ、A-Y-A。苗字は鈴木、S-U-Z-U-K-I です。

◇ ¿Está incluido el desayuno?
朝食付きですか？

◇ ¿Tiene ducha / baño la habitación?
部屋にシャワー / バスは付いていますか？

Unidad 2 — Track 17

Aya pregunta la distancia desde la estación.
- Se tarda unos 15 minutos.

Aya pregunta si hay otro más cerca.
- Sí, hay varios. Pero cuestan más.

Aya piensa reservar la habitación del Hotel Central.
- Bueno. Le doy la dirección y el número de teléfono del hotel. Llame al hotel Ud. misma, por favor.

Aya pregunta si hay buenos restaurantes cerca del hotel.
- En la avenida hay varios restaurantes donde se come bien.

◇ Una habitación individual / doble, por favor.
シングル / ツインルームを1つお願いします。

◇ Querría / Me gustaría reservar una mesa para esta noche / mañana a las 8. 今晩 / 明日8時に食事の予約したいのですが。

◇ Para 2 personas. 2名です。

◇ Quisiera anular la reserva para esta noche. 今夜の予約をキャンセルしたいのですが。

◇ Querría / Me gustaría una mesa cerca del escenario / al lado de la ventana, por favor. ステージ近く / 窓際のテーブルにしてほしいのですが。

◇ Una mesa para fumadores / para no fumadores / en la terraza / en el rincón, por favor. 喫煙席 / 禁煙席 / テラスの席 / 隅のテーブルをお願いします。

Hoteles y restaurantes ホテル、レストラン

41

1 観光案内所で
（ホテルやレストランを探す）

(イラスト1) アヤはホテルを探すため観光案内所にいます。
アヤ ： こんにちは。安くて良いホテルを探しています。

(イラスト2) 係員が希望の価格について尋ねます。
係員 ： どのくらいの値段が希望ですか？
アヤ ： 1晩35ユーロまでです。

(イラスト3) 係員が希望の場所を尋ねます。
係員 ： どちらでお探しですか？
アヤ ： 駅の近くがいいです。

(イラスト4) 係員がある部屋を薦めます。
係員 ： ホテルセントラルの34ユーロのこの部屋はどうですか？

(イラスト5) アヤが駅からの距離を尋ねます。
アヤ ： 駅から徒歩で何分ですか？
係員 ： 約15分です。

(イラスト6) アヤが駅にもっと近いホテルがないかを尋ねます。
アヤ ： （駅に）もっと近いホテルはありませんか？
係員 ： いくつかありますが、もっと高くなりますよ。

(イラスト7) アヤはホテルセントラルの部屋を予約することにします。
アヤ ： では、その部屋を予約したいのですが。
係員 ： わかりました。住所と電話番号を渡しますので、ご自分で電話してみてください。

(イラスト8) アヤはホテルの近くに良いレストランがあるかどうか尋ねます。
アヤ ： もう1つお聞きしたいのですが、ホテルの近くに良いレストランはありますか？
係員 ： 大通りにおいしいレストランがいろいろありますよ。
アヤ ： よかった！おかげで助かりました。ありがとう。

Pausa 少し休憩

宿泊施設の探し方

　スペインにはさまざまな宿泊施設があります。星の数によってランク付けされるホテル、経済的なオスタルやペンシオン、中世の城や修道院などを利用した国営ホテルのパラドール、ユースホステルなど、目的や予算、好みにあった宿泊施設を探してみてください。最近では日本からもインターネット予約できるようになりましたが、現地で宿を探す場合は空港や街中にある観光案内所やインフォメーション（información）を活用しましょう。ホテルやレストランのリスト、地図、催し物案内なども無料で手に入ります。

スペイン政府観光局
[URL] https://www.spain.info

Hoteles y restaurantes ホテル、レストラン

ボキャブラリー

hotel　ホテル
hostal　オスタル
pensión　ペンシオン
parador　パラドール
albergue juvenil　ユースホステル
de cinco / cuatro estrellas　５つ星の / ４つ星の
una noche / dos noches　１晩 / ２晩
habitación individual　シングルルーム
habitación doble　ツインルーム
habitación de matrimonio　ダブルルーム
con baño　バス付き
con ducha　シャワー付き

comida regional　郷土料理
comida española　スペイン料理
comida japonesa　日本料理
comida italiana　イタリア料理
comida china　中華料理
comida mexicana　メキシコ料理
comida peruana　ペルー料理
restaurante　レストラン
bar　バル
taberna　居酒屋
tablao　タブラオ（フラメンコショーをするレストラン）
cafetería　カフェ
comida rápida　ファーストフード

2 Check in (en el hotel) ……（ホテルでの）チェックイン Track 19

Parte 1　ホテルのチェックインのシーンです。まずは CD を聴いてみましょう。

> Buenas tardes. ¿En qué puedo servirle?
>
> Buenas tardes. Querría registrarme.

En la recepción.

> ¿Tiene reserva?
>
> Sí. Me llamo Aya Suzuki.

Aya dice su nombre.

> Señorita Aya Suzuki. Tenemos preparada una habitación individual para 2 noches.
>
> Gracias.

La recepcionista confirma la reserva.

> ¿Podría rellenar esta ficha? Su nombre, domicilio, número de teléfono y firma, por favor.
>
> ¿Dónde firmo?
>
> Aquí, por favor.

Aya rellena la ficha de inscripción.

🔑 重要表現を覚えましょう。
キーセンテンス

- ¿En qué puedo servirle?
  いらっしゃいませ。

- ◇ Querría registrarme.
  チェックインしたいのですが。

- ¿Tiene reserva?
  ご予約はされていますか？

- ¿Podría rellenar / llenar esta ficha?
  こちらの書類に記入していただけますか？

- ◇ ¿Dónde firmo?
  どこにサインすればいいですか？

- Su habitación es la 310.
  お部屋は 310 号室でございます。

- Y aquí tiene la llave.
  こちらが鍵でございます。

Unidad 2 — 2 Track 19

> Su habitación es la 310. Está en la tercera planta. Y aquí tiene la llave.

La recepcionista le entrega a Aya la llave de la habitación.

> ¿A qué hora hay que dejar la habitación?
>
> Hay que desocuparla antes de las 12.

Aya pregunta a qué hora hay que dejar la habitación.

> ¿A qué hora es el desayuno?
>
> De seis y media a diez en el restaurante de la segunda planta.

Aya pregunta sobre el desayuno.

> ¿Dónde está el ascensor?
>
> Está ahí a la derecha.

Aya busca el ascensor.

Hoteles y restaurantes ホテル、レストラン

◇ ¿A qué hora hay que dejar la habitación?
　チェックアウトは何時ですか？

◇ ¿A qué hora es el desayuno?
　朝食は何時ですか？

◇ ¿Dónde está el ascensor / elevador?
　エレベーターはどこですか？

45

2 Check in (en el hotel) — Track 20

Parte 2 今度はアヤになって、ホテルにチェックインしてみましょう。

— Buenas tardes. ¿En qué puedo servirle?

En la recepción.

— ¿Tiene reserva?

Aya dice su nombre.

— Señorita Aya Suzuki. Tenemos preparada una habitación individual para 2 noches.

La recepcionista confirma la reserva.

— ¿Podría rellenar esta ficha? Su nombre, domicilio, número de teléfono y firma, por favor.

— Aquí, por favor.

Aya rellena la ficha de inscripción.

ホテルの滞在の際に役立つ表現を覚えましょう。

応用表現

Track 21

◇ Quisiera quedarme una noche más.
もう一泊したいのですが。

◇ ¿Tiene caja de seguridad / nevera la habitación?
部屋にセーフティーボックス / 冷蔵庫はありますか？

◇ ¿Podría traerme una toalla / un papel higiénico?
タオル / トイレットペーパーを持ってきていただけますか？

◇ Quisiera cambiar de habitación.
部屋を替えてほしいのですが。

> Su habitación es la 310. Está en la tercera planta. Y aquí tiene la llave.

La recepcionista le entrega a Aya la llave de la habitación.

> Hay que desocuparla antes de las 12.

Aya pregunta a qué hora hay que dejar la habitación.

> De seis y media a diez en el restaurante de la segunda planta.

Aya pregunta sobre el desayuno.

> Está ahí a la derecha.

Aya busca el ascensor.

◇ No corre el agua del servicio.
トイレの水が流れません。

◇ No sale agua caliente.
お湯が出ないのですが。

◇ He cerrado la habitación con la llave dentro.
= He dejado la llave dentro de la habitación.
鍵を部屋に置いたままドアを閉めてしまいました。

◇ ¿Puede arreglar la habitación, por favor?
部屋の掃除をお願いします。

◇ ¿Puede despertarme mañana a las 6, por favor?
明日6時にモーニングコールをお願いします。

◇ ¿Cuándo tengo que pagar?
支払いはいつすればいいですか？

2 （ホテルでの）チェックイン

イラスト1 フロントで
フロント係 ： こんにちは。いらっしゃいませ。
アヤ ： こんにちは。チェックインしたいのですが。

イラスト2 アヤは名前を言います。
フロント係 ： ご予約はされていますか？
アヤ ： はい、鈴木アヤと言います。

イラスト3 フロント係は予約の確認をします。
フロント係 ： 鈴木アヤ様ですね。シングルルームを2泊ご用意しております。
アヤ ： ありがとうございます。

イラスト4 アヤは書類に記入します。
フロント係 ： こちらの書類にお名前、ご住所、お電話番号とご署名をお願いいたします。
アヤ ： どこにサインすればいいですか。
フロント係 ： ここにお願いします。

イラスト5 フロント係はアヤにルームキーを渡します。
フロント係 ： お部屋は3階の310号室でございます。こちらがお部屋の鍵です。

イラスト6 アヤはチェックアウトの時間を尋ねます。
アヤ ： チェックアウトは何時ですか？
フロント係 ： チェックアウトは12時になっております。

イラスト7 アヤは朝食について尋ねます。
アヤ ： 朝食は何時ですか？
フロント係 ： 6時半から10時まで2階のレストランでご利用できます。

イラスト8 アヤはエレベーターを探します。
アヤ ： エレベーターはどこですか？
フロント係 ： そちら右手にございます。

Pausa 少し休憩

おすすめの宿泊施設

　宿泊費を節約したいならオスタルがおすすめです。建物のワンフロアーを利用して個人で経営しているところが多く、バス・トイレ共同のところが多いのが特徴です。他の旅行客と交流しやすいという長所もありますが、建物の構造上、宿泊者以外も出入りが可能ということもあり、強盗などの被害が多発しているとも言われています。建物に入る際は周りに不審者がいないか確認する、人通りの少ない時間帯の外出は特に気をつける（スペインでは昼休みにあたる時間帯に犯罪件数が多いと言われています）、外出時は貴重品を持ち歩かないなど、注意が必要です。

　ありきたりのホテルに飽きた方にはスペイン特有の宿泊施設パラドールがおすすめです。パラドールとは歴史的建造物である古城や貴族の館、修道院といった文化財を改築した国営ホテルで、スペイン各地に約90ヵ所あります。海岸や山間部などの景勝地に造られたパラドールもあります。パラドールは人気が高いので、あらかじめ日本で予約することをおすすめします。

スペインパラドール公式サイト　URL http://www.parador.es

ボキャブラリー

apellido　苗字	servicio de habitaciones　ルームサービス
nombre　名前	servicio de lavandería　ランドリーサービス
nacionalidad　国籍	ascensor / elevador（中南米）　エレベーター
profesión　職業	recepción　フロント
número de pasaporte　パスポート番号	vestíbulo　ロビー
fecha de nacimiento　生年月日	escalera de incendios　非常階段
lugar de nacimiento　出生地	servicio / lavabo / aseo / baño　トイレ、化粧室、洗面所
domicilio / dirección　住所	caballeros / damas　紳士用 / 婦人用
edad　年齢	
sexo　性別	mini-bar　ミニバー
masculino　男性	agua　水
femenino　女性	agua caliente　お湯
	jabón　せっけん
aire acondicionado　エアコン	toalla　タオル
llave　鍵	almohada　枕
tarjeta llave　カードキー	cama　ベッド
	manta　毛布

3 Pedir y pagar (en el restaurante) ……（レストランでの）注文と支払 Track 22

Parte 1 レストランでの注文と支払のシーンです。まずは CD を聴いてみましょう。

Aquí tienen la carta.

Gracias.

Aya está en un restaurante con un amigo y el camarero les trae la carta.

¿Qué van a tomar?

¿Qué plato nos recomienda?

Les recomiendo los platos de pescado.

El camarero toma el pedido.

Entonces de primero, gazpacho y de segundo, salmón a la plancha, por favor.

Para mí, sopa de verduras y un bistec, por favor.

Aya y su amigo piden los platos.

¿Y para beber?

Para mí, agua mineral sin gas.

Y para mí, una cerveza, por favor.

Aya y su amigo piden las bebidas.

重要表現を覚えましょう。
キーセンテンス

- Aquí tienen la carta.
  メニューをどうぞ。

- ¿Qué van a tomar?
  何になさいますか？

◇ ¿Qué plato nos recomienda?
  おすすめ料理は何ですか？

◇ De primero, gazpacho.
  De segundo, salmón a la plancha.
  最初はガスパチョを。メイン料理にはサーモンの鉄板焼きを。

◇ Para mí, sopa de verduras, por favor.
  私には野菜のスープをお願いします。

◇ La cuenta, por favor.
  お勘定をお願いします。

Unidad 2 ③ Track 22

> La cuenta, por favor.

> Un momento, por favor.

Aya y su amigo piden la cuenta.

> ¿Pagan por separado?

> No, yo pago todo.

El camarero les pregunta cómo pagan.

> Son 27 euros con 60.

> Aquí tiene 30 euros. Quédese con el cambio.

> Muchas gracias.

El amigo paga y da propina.

> Hoy te invito.

> Gracias. Entonces, la próxima vez yo te invitaré.

El amigo invita a Aya.

Hoteles y restaurantes ホテル、レストラン

- ¿Pagan por separado?
  お支払いは別々になさいますか？
◇ Yo pago todo.
  私がまとめて払います。
◇ Quédese con el cambio / la vuelta.
  おつりは取っておいてください。
◇ Te invito.
  私のおごりです。

3 Pedir y pagar (en el restaurante) Track 23

Parte 2 今度はアヤになって、レストランで注文や支払をしてみましょう。

Aquí tienen la carta.

Aya está en un restaurante con un amigo y el camarero les trae la carta.

¿Qué van a tomar?

Les recomiendo los platos de pescado.

El camarero toma el pedido.

Para mí, sopa de verduras y un bistec, por favor.

Aya y su amigo piden los platos.

¿Y para beber?

Y para mí, una cerveza, por favor.

Aya y su amigo piden las bebidas.

レストランでの支払や注文の際に役立つ表現を覚えましょう。

応用表現

Track 24

◇ ¿Hay alguna mesa libre?
テーブルは空いていますか？

● ¿Cómo quiere el bistec?
ステーキの焼き加減はいかがいたしましょう？

◇ Bien / Medio / Poco hecho, por favor.
ウェルダン / ミディアム / レアにしてください。

● ¿Va a tomar postre?
デザートはいかがいたしますか？

◇ ¿Tienen menús?
コースメニューはありますか？

Unidad 2 — 3 — Track 23

( ) / Un momento, por favor.	¿Pagan por separado? / No, yo pago todo.
Aya y su amigo piden la cuenta.	**El camarero les pregunta cómo pagan.**
 Son 27 euros con 60. / Aquí tiene 30 euros. Quédese con el cambio. / Muchas gracias.	Hoy te invito. / ( )
El amigo paga y da propina.	**El amigo invita a Aya.**

- ¿Quiere tomar algo más?
  他に何かいかがですか？
◇ Nada más. = Es todo.
  以上で結構です。
◇ ¿Aceptan tarjetas de crédito?
  クレジットカードは使えますか？
◇ Estoy lleno / llena.
  おなかがいっぱいです。

- ¡Buen provecho!
  召し上がれ！

Hoteles y restaurantes ホテル、レストラン

3 （レストランでの）注文と支払

- イラスト1　**アヤが友人とレストランにいます。ウェイターがメニューを持ってきます。**
  - ウェイター　：　メニューをどうぞ。
  - アヤ　　　　：　ありがとうございます。

- イラスト2　**ウェイターが注文を取ります。**
  - ウェイター　：　（お食事は）何になさいますか？
  - アヤ　　　　：　おすすめ料理は何ですか？
  - ウェイター　：　魚料理です。

- イラスト3　**アヤと友人が料理を注文します。**
  - アヤ　　　　：　では最初はガスパチョで、メインにはサーモンの鉄板焼きをお願いします。
  - 友人　　　　：　僕には野菜スープとビーフステーキをください。

- イラスト4　**アヤと友人が飲み物を注文します。**
  - ウェイター　：　飲み物は何になさいますか？
  - アヤ　　　　：　私は炭酸なしのミネラルウォーターを。
  - 友人　　　　：　僕にはビールをください。

- イラスト5　**アヤと友人は勘定を頼みます。**
  - アヤ　　　　：　お勘定をお願いします。
  - ウェイター　：　少々お待ちください。

- イラスト6　**ウェイターは支払方法を尋ねます。**
  - ウェイター　：　お支払いは別々になさいますか？
  - 友人　　　　：　いいえ、僕がまとめて払います。

- イラスト7　**友人が支払い、チップを渡します。**
  - ウェイター　：　27ユーロ60セントになります。
  - 友人　　　　：　30ユーロです。おつりは取っておいてください。
  - ウェイター　：　ありがとうございます。

- イラスト8　**友人はアヤにおごってあげます。**
  - 友人　　　　：　今日は僕がおごるよ。
  - アヤ　　　　：　ありがとう。じゃあ、次は私がおごるわ。

Pausa 少し休憩

レストランでの支払

　スペイン語圏のレストランでの支払は、レジではなく席で済ませます。勘定をしたい際は ¡Perdón! や ¡Por favor! と言ってウェイターを呼ぶのですが、にぎやかなレストランやバルではなかなか気づいてもらえません。そんなときは、鉛筆で文字を書くようなジェスチャーをしてみてください。遠くにいるウェイターもそのジェスチャーを見たら勘定だと気づいてくれるはずです。

　レストランでのチップは、目安としては5〜10%程度と言われていますが、勘定にサービス料が含まれている場合も多く、必ず払わなければいけないものではありません。あくまでも心付けだと考えてください。おつりの出るように支払をしておいて、「おつりは取っておいてください」とひとこと付け加えるのもいいでしょう。

ボキャブラリー

entremeses　前菜
postre　デザート
bebida　飲み物
comida regional　郷土料理
platos típicos de la región　名物料理
plato recomendado　おすすめ料理

asado　焼いた
frito　揚げた
cocido　茹でた
crudo　生の

dulce　甘い
picante　辛い
salado　塩辛い
amargo　苦い、渋い
agrio　すっぱい

caliente　熱い
frío　冷たい

イラスト辞書

comidas y bebidas 食べ物と飲み物

sopa	スープ
 pan	パン
 arroz	ごはん
 ensalada	サラダ
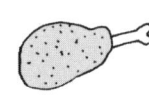 carne	肉
 pescado	魚
 mariscos	魚介類
 fruta	果物
 verdura	野菜
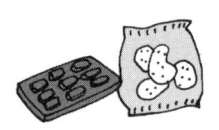 dulces	お菓子
 café	コーヒー
 té	紅茶
 chocolate	ココア
 leche	ミルク
 vino	ワイン
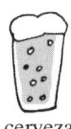 cerveza	ビール
 zumo / jugo	ジュース
 zumo / jugo de naranja	オレンジジュース
 agua mineral con gas	炭酸入り ミネラルウォーター
 agua mineral sin gas	炭酸なし ミネラルウォーター
 sal	塩
 pimienta	こしょう
 azúcar	砂糖
 ketchup	ケチャップ
 mayonesa	マヨネーズ
 vinagre	酢
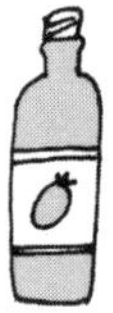 aceite de oliva	オリーブオイル
 huevo	卵
 postre	デザート
 bebida	飲み物
 comida	食べ物、料理
 alcohol	アルコール

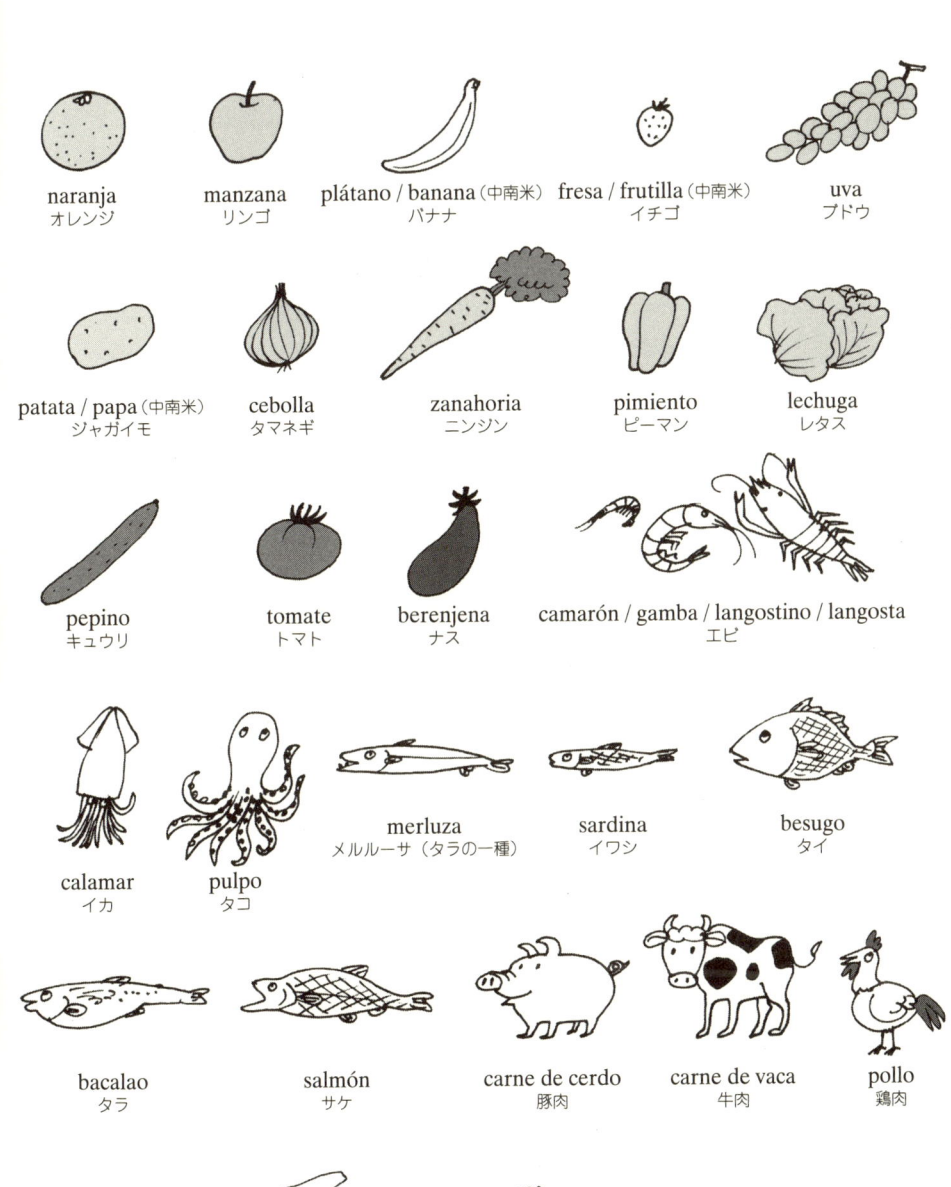

naranja オレンジ	manzana リンゴ	plátano / banana (中南米) バナナ	fresa / frutilla (中南米) イチゴ	uva ブドウ
patata / papa (中南米) ジャガイモ	cebolla タマネギ	zanahoria ニンジン	pimiento ピーマン	lechuga レタス
pepino キュウリ	tomate トマト	berenjena ナス	camarón / gamba / langostino / langosta エビ	
calamar イカ	pulpo タコ	merluza メルルーサ（タラの一種）	sardina イワシ	besugo タイ
bacalao タラ	salmón サケ	carne de cerdo 豚肉	carne de vaca 牛肉	pollo 鶏肉
jamón ハム	jamón serrano 生ハム	salchicha ソーセージ	chorizo チョリソ	

Hoteles y restaurantes ホテル、レストラン

Gramática

丁寧な表現

スペイン語で「丁寧な表現」を作るにはいくつか方法があります。

❶語彙的レベル

señor, señora, señorita など相手の名前に敬称をつけ、丁寧さを表現することができます。

  Hola, **señor** López. ¿Cómo está Ud.? こんにちは、ロペスさん。お元気でいらっしゃいますか？

また、por favor（お願いします）を文末に付けることにより、依頼や返答が丁寧になります。

  Una cerveza, **por favor**. ビールをお願いします。
  Sí, **por favor**. はい、お願いします。

❷文法的レベル

時制や文の種類を利用して丁寧な表現をつくることができます。

①疑問文

疑問文で尋ねることにより、聞き手に sí か no の選択肢を与えることになります。

  ¿Me trae la carta, por favor? メニューを持ってきてもらえますか？
  — Sí, cómo no. はい、もちろんです。

  ¿Puedo usar este ordenador? このパソコンを使ってもいいですか？
  — No, lo siento. Ahora no puedes. いいえ、申し訳ないのですが、いまは無理です。

②動詞の時制・法

現在の依頼をする際に現在形以外の時制や法を使うことにより、丁寧さを表現する方法があります。

直説法線過去

  ¿Qué deseaba? 何にいたしましょうか？
  Quería reservar un billete para Japón. 日本行きの切符を予約したいのですが。

過去未来形

  Desearía visitar su casa mañana. （できれば）明日あなたの家に行きたいのですが。
  ¿Podría hablar más despacio, por favor?
          （できれば）もう少しゆっくりお話していただけますか？

接続法過去

  Quisiera hablar con el señor Gómez. ゴメスさんとお話がしたいのですが。

動詞の時制や法を利用した婉曲表現は成句化されているものも多く、すべての動詞に使えるわけではありません。会話でよく登場しますから、頻度の高い動詞や例文を中心に身につけてください。

Unidad 3

Track 25-33

En la ciudad　　街で

1. **En la estación de ferrocarriles**　　鉄道の駅で
2. **En el mercado**　　市場で
3. **En la farmacia**　　薬局で

1 En la estación de ferrocarriles …… 鉄道の駅で Track 25

Parte 1 切符売り場のシーンです。まずは CD を聴いてみましょう。

Buenos días. Un billete para Salamanca, por favor.

En la taquilla.

¿Ida o ida y vuelta?

Ida y vuelta, por favor.

El empleado de estación pregunta a Aya sobre el tipo de billete.

¿Cuándo desea salir?

Salgo el 15 y regreso el 17 de octubre.

El empleado le pregunta sobre el plan.

¿Preferente o turista?

Turista, por favor.

Aya reserva el asiento.

🔑 重要表現を覚えましょう。
キーセンテンス

◇ Un billete para Salamanca, por favor.
サラマンカ行きの切符を1枚ください。

● ¿Ida o ida y vuelta?
片道ですか、それとも往復ですか？

◇ Ida y vuelta, por favor.
往復でお願いします。

● ¿Cuándo desea salir?
いつご出発ですか？

◇ Salgo el 15.
15 日に出発します。

● ¿Preferente o turista?
1 等ですか、2 等ですか？

● ¿A qué hora desea salir?
何時にご出発になりたいですか？

Unidad 3 1 Track 25

¿A qué hora desea salir?

A eso de las nueve de la mañana.

El tren sale a las 8:45 y llega a las 11:05 a Salamanca.

El empleado le pregunta sobre la salida.

El empleado confirma la hora de salida y llegada del tren.

¿Tengo que hacer transbordo?

Son 33 euros. Aquí tiene el billete.

Gracias.

No, el tren va directo.

Aya pregunta sobre el transbordo.

Aya paga al empleado.

En la ciudad 街で

- El tren sale a las 8:45 / 9 menos cuarto.
  列車は 8 時 45 分に出発します。
- ◇ ¿Tengo que hacer transbordo?
  乗り換えなくてはなりませんか？
- El tren va directo.
  （列車は）直行です。

1 En la estación de ferrocarriles   Track 26

Parte 2 今度はアヤになって、切符を買ってみましょう。

¿Ida o ida y vuelta?

En la taquilla.

El empleado de estación pregunta a Aya sobre el tipo de billete.

¿Cuándo desea salir?

¿Preferente o turista?

El empleado le pregunta sobre el plan.

Aya reserva el asiento.

駅で役立つ表現を覚えましょう。
応用表現

Track 27

◇ ¿Va directo a Salamanca?
サラマンカへは直行ですか？

◇ ¿Cuánto tiempo se tarda?
時間はどのくらいかかりますか？

◇ Quiero llegar a eso de las 7:00.
だいたい7時頃に着きたいです。

◇ ¿De qué andén sale el tren?
列車は何番ホームから出ますか？

◇ ¿A qué hora sale el próximo tren para Granada?
グラナダ行きの次の列車は何時に出ますか？

Unidad 3 — 1 — Track 26

¿A qué hora desea salir?

El tren sale a las 8:45 y llega a las 11:05 a Salamanca.

El empleado le pregunta sobre la salida.

El empleado confirma la hora de salida y llegada del tren.

En la ciudad 街で

Son 33 euros. Aquí tiene el billete.

No, el tren va directo.

Aya pregunta sobre el transbordo.

Aya paga al empleado.

◇ ¿Hay un vagón restaurante / coche cama?
食堂車 / 寝台車はありますか？

◇ ¿Hay consigna / consigna automática?
手荷物預かり所 / コインロッカーはありますか？

◇ ¿Hay billetes baratos / con descuento para jóvenes?
安い / 若者向けの割引の切符はありますか？

● El tren llega con unos 20 minutos de retraso.
列車は 20 分ほど遅れて到着します。

1 鉄道の駅で

(イラスト1) 切符売り場で
アヤ ： おはようございます。サラマンカまで1枚お願いします。

(イラスト2) 駅員は切符の種類を尋ねます。
駅員 ： 片道ですか、往復ですか。
アヤ ： 往復でお願いします。

(イラスト3) 駅員は日程について尋ねます。
駅員 ： いつご出発ですか？
アヤ ： 10月15日に出発して、17日に戻ります。

(イラスト4) アヤは座席を予約します。
駅員 ： 1等ですか、それとも2等ですか？
アヤ ： 2等でお願いします。

(イラスト5) 駅員は出発時刻について尋ねます。
駅員 ： 何時にご出発になりたいですか？
アヤ ： 朝の9時頃に。

(イラスト6) 駅員は出発と到着の時刻を確認します。
駅員 ： 列車は8時45分に出発し、11時5分にサラマンカに到着します。

(イラスト7) アヤは乗り換えについて尋ねます。
アヤ ： 乗り換えなければなりませんか？
駅員 ： いいえ、直行です。

(イラスト8) アヤは支払いをします。
駅員 ： 33ユーロです。こちらが乗車券になります。
アヤ ： ありがとうございます。

Pausa 少し休憩

列車予約

スペイン国鉄RENFE (Red Nacional de los Ferrocarriles Españoles) は首都マドリードを中心に放射線状に伸びており、スペイン全土を網羅しています。インターネットで時刻を調べて予約をすることもできます。ただし、バカンスの季節（7、8月）や会議、見本市などがある時期には列車だけでなく、ホテルも混雑が予想されますので、予約は早めにすることをお勧めします。列車での移動も楽しいですが、スペイン人は長距離バスもよく利用します。バスで旅行してみても面白いでしょう。

スペイン国鉄 [URL] http://www.renfe.es/

En la ciudad 街で

ボキャブラリー

venta de billetes　切符売り場
taquilla　切符窓口
andén　プラットホーム
horario de ferrocarriles　鉄道の時刻表
billete / boleto（中南米）切符
 billete de ida　片道切符
 billete de ida y vuelta　往復切符
RENFE　スペイン国鉄
tren de cercanías　近距離列車
tren de media distancia / tren regional
中距離列車
tren de larga distancia / grandes líneas
長距離列車
AVE (Alta Velocidad Española)
スペイン新幹線
tren local　ローカル列車
tren expreso　急行列車
tren rápido　特急列車

asiento　座席
 asiento libre　自由席
 asiento reservado　予約席
Clase Turista / segunda clase　2等
Clase Preferente / primera clase　1等
Clase Club　特等（スペインの新幹線）
por la mañana　午前中に
por la tarde　午後に
por la noche　夜に
salida　出発
llegada　到着
coche cama　寝台車
coche litera　簡易寝台車
coche comedor / vagón restaurante　食堂車
revisión de billetes　検札
revisor / revisora　車掌、検札係
rejilla / portaequipajes　網棚

2 En el mercado …… 市場で

Track 28

Parte 1 市場でのシーンです。まずは CD を聴いてみましょう。

Oiga, ¿dónde hay una charcutería?

Está al lado de la carnicería.

¿Qué le pongo?

Póngame un chorizo y 200 gramos de jamón serrano.

Aya está buscando una charcutería.

En la charcutería.

¿Algo más?

No, nada más.

Pues, 7,50 euros.

Tenga.

La dependienta pregunta a Aya si desea algo más.

Aya paga por el chorizo y el jamón.

重要表現を覚えましょう。
キーセンテンス

◇ Oiga, ¿dónde hay una charcutería?
すみません、ハム・ソーセージ屋はどこにありますか？

● ¿Qué le pongo? = ¿Qué le doy?
何になさいますか？（何かご入用ですか？）

◇ Póngame un chorizo y 200 gramos de jamón serrano.
チョリソを1本と生ハムを200gください。

● ¿Algo más?
他には？

◇ No, nada más.
いいえ、以上です。

● Pues, 7,50 euros.
では、7ユーロ50セントになります。

◇ ¿Cuánto cuesta un kilo de naranjas?
オレンジは1キロおいくらですか？

Unidad 3 — 2 — Track 28

¿Cuánto cuesta un kilo de naranjas?

80 céntimos.

En una frutería.

Bueno, déme 2 kilos.

2 kilos, ¿verdad?

Aya pide 2 kilos de naranjas.

¿No quiere peras? Están muy buenas hoy.

Pues, déme 1 kilo.

El dependiente le recomienda peras.

¿Cuánto es en total?

2,60 euros.

Aya paga el importe.

En la ciudad 街で

◇ Bueno, déme 2 kilos.
それでは、2キロください。

● ¿No quiere peras? Están muy buenas hoy.
洋ナシはいかがですか？今日はとてもいいのがあります。

◇ ¿Cuánto es en total?
全部でおいくらですか？

2　En el mercado

Track 29

Parte 2　今度はアヤになって、買い物をしてみましょう。

Está al lado de la carnicería.

¿Qué le pongo?

Aya está buscando una charcutería.

En la charcutería.

¿Algo más?

Pues, 7,50 euros.

La dependienta pregunta a Aya si desea algo más.

Aya paga por el chorizo y el jamón.

市場での買い物の際に役立つ表現を覚えましょう。

応用表現

Track 30

◇ ¿Es Ud. el último / la última de la cola?
あなたが列の最後ですか？

● ¿Cuánto quiere?
= ¿Cuánto le pongo?
どのくらいご入用ですか？

◇ ¿Está fresca la carne? / ¿Están frescas las manzanas?
その肉は新鮮ですか？ / りんごは新鮮ですか？

● ¿No le importa que le demos un poquito más?
少し多くても構いませんか？

Unidad 3 — **2** Track 29

En la frutería.

80 céntimos.

Aya pide 2 kilos de naranjas.

2 kilos, ¿verdad?

El dependiente le recomienda peras.

¿No quiere peras? Están muy buenas hoy.

Aya paga el importe.

2,60 euros.

En la ciudad 街で

◇ Sí, está bien. / Sí, claro.
いいですよ。 / はい、もちろん。

◇ ¿Me puede dar una bolsita?
 = ¿Me da una bolsa?
袋をいただけますか？

- un cuarto de kilo / medio kilo / un kilo / dos kilos
 250g / 500g / 1キロ / 2キロ

- un litro / dos litros
 1リットル / 2リットル

- un trozo / dos trozos
 1切れ / 2切れ

- una lata / dos latas
 1缶 / 2缶

- una botella / dos botellas
 1瓶 / 2瓶

- una unidad / dos unidades
 1個 / 2個

- una bolsa / dos bolsas
 1袋 / 2袋

69

2　市場で

- **イラスト1**　アヤはハム・ソーセージ屋を探しています。
  - アヤ　　：　すみません。ハム・ソーセージ屋はどこですか。
  - 店員1　：　肉屋のとなりです。

- **イラスト2**　ハム・ソーセージ屋で
  - 店員2　：　何にいたしましょう？
  - アヤ　　：　チョリソを1本と生ハムを200グラムください。

- **イラスト3**　店員はアヤに他に欲しいものはないか尋ねます。
  - 店員2　：　他に何か？
  - アヤ　　：　いいえ、それだけです。

- **イラスト4**　アヤはチョリソと生ハムの支払いをします。
  - 店員2　：　では、7ユーロ50セントになります。
  - アヤ　　：　はい、どうぞ。

- **イラスト5**　果物屋で
  - アヤ　　：　オレンジは1キロおいくらですか？
  - 店員3　：　80セントです。

- **イラスト6**　アヤはオレンジを2キロ注文します。
  - アヤ　　：　それでは、2キロください。
  - 店員3　：　2キロですね？

- **イラスト7**　店員は洋ナシを勧めます。
  - 店員3　：　今日は洋ナシのいいのがありますよ。いかがですか？
  - アヤ　　：　それじゃあ、1キロください。

- **イラスト8**　アヤは代金を支払います。
  - アヤ　　：　全部でおいくらですか？
  - 店員3　：　2ユーロ60セントです。

Pausa 少し休憩

市場

　スペインでは、まだまだ市場や小売店が健在ですので、最初は気後れするかもしれませんが、お店の人との会話を楽しんでみてはいかがでしょうか。スーパーマーケットの中にも肉屋、ハム・ソーセージ屋、パン屋などが入っていて対面販売をしています。お店の人は、気さくで親切なので色々なことを教えてくれます。調理法がわからなかったら聞いてみるのもいいでしょう。

ボキャブラリー

fruta　くだもの

naranja　オレンジ
manzana　リンゴ
mandarina　ミカン
sandía　スイカ
plátano / banana（中南米）　バナナ
pera　洋ナシ

ciruela　プラム
melocotón / durazno　桃
melón　メロン
fresa / frutilla（中南米）　イチゴ
uva　ブドウ

verdura　野菜

patata / papa（中南米）　ジャガイモ
lechuga　レタス
cebolla　玉ネギ
coliflor　カリフラワー
espinaca　ホウレンソウ
brécol　ブロッコリー

tomate　トマト
pepino　キュウリ
berenjena　ナス
zanahoria　ニンジン
judía　インゲン豆
espárrago　アスパラガス

pan　パン

pan integral　全粒粉パン
pan de barra　バゲット
bollo　菓子パン
brioche　ブリオシュ
cruasán / croissant　クロワッサン

pan de molde　食パン
tostada　トースト
ensaimada　渦巻きパン
magdalena　マドレーヌ
churro　チュロス（棒状のドーナッツ）

En la ciudad 街で

3 En la farmacia …… 薬局で　　　Track 31

Parte 1　薬局のシーンです。まずは CD を聴いてみましょう。

- Buenos días.
- Buenos días. Quería una medicina contra la gripe.

Aya necesita una medicina contra la gripe.

- ¿Qué síntomas tiene Ud.? ¿Tiene mocos o tiene tos?
- Sí, tengo mocos y tengo dolor de garganta.

La farmacéutica pregunta a Aya sus síntomas.

- ¿Tiene fiebre?
- No, no tengo fiebre.

La farmacéutica le pregunta si tiene fiebre.

- ¿Tiene alergia?
- Sí. Tengo alergia a las aspirinas.

La farmacéutica le pregunta si tiene alergia.

重要表現を覚えましょう。
キーセンテンス

◇ Quería una medicina contra la gripe / un antigripal.
インフルエンザの薬が欲しいんですが。

● ¿Qué síntomas tiene Ud.?
どのような症状ですか？

● ¿Tiene fiebre / alergia?
熱 / アレルギーはありますか？

◇ Tengo alergia a las aspirinas.
= Soy alérgico / alérgica a las aspirinas.
私はアスピリンに対してアレルギーがあります。

● Tome esta medicina 3 veces al día después de cada comida.
1日に3回、食後にこの薬を服用してください。

◇ ¿Cuántas pastillas debo tomar?
何錠服用するのですか？

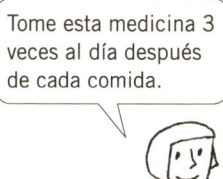

Unidad 3 — 3 — Track 31

Tome esta medicina 3 veces al día después de cada comida.	¿Cuántas pastillas debo tomar? / Una pastilla cada vez.
La farmacéutica le da una medicina.	**Aya pregunta cuántas pastillas debe tomar.**
¿Cuánto tiempo debo tomar la medicina? / Hasta que desaparezcan los síntomas. Pero no la tome más de una semana.	 Adiós. Que se mejore. / Muchas gracias. Adiós.
Aya pregunta cuánto tiempo debe tomarla.	**Aya sale de la farmacia.**

En la ciudad 街で

◇ ¿Cuánto tiempo debo tomar la medicina?
どれだけの間、薬を服用すればいいですか？

● Hasta que desaparezcan los síntomas.
症状がなくなるまでです。

● Que se mejore.
お大事に。

3 En la farmacia

Track 32

Parte 2 今度はアヤになって、薬局で症状を説明して薬を買ってみましょう。

Buenos días.

¿Qué síntomas tiene Ud.? ¿Tiene mocos o tiene tos?

Aya necesita una medicina contra la gripe.

La farmacéutica pregunta a Aya sus síntomas.

¿Tiene fiebre?

¿Tiene alergia?

La farmacéutica le pregunta si tiene fiebre.

La farmacéutica le pregunta si tiene alergia.

薬局で役立つ表現を覚えましょう。
応用表現

Track 33

- ¿Qué le pasa?
  どうなさいましたか？
- ¿Qué le duele?
  どこが痛みますか？

◇ Me duele la cabeza / el estómago.
 = Tengo dolor de cabeza / estómago.
 私は頭 / 胃が痛いです。

◇ Me siento mal. / Me mareo.
 気分が悪いです / めまいがします。

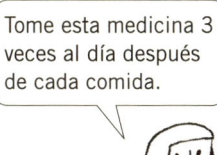

Unidad 3 — 3 — Track 32

> Tome esta medicina 3 veces al día después de cada comida.

La farmacéutica le da una medicina.

> Una pastilla cada vez.

Aya pregunta cuántas pastillas debe tomar.

> Hasta que desaparezcan los síntomas. Pero no la tome más de una semana.

Aya pregunta cuánto tiempo debe tomarla.

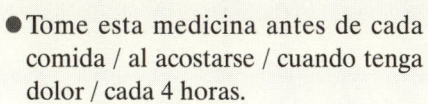

> Adiós. Que se mejore.

Aya sale de la farmacia.

En la ciudad 街で

- Tome esta medicina antes de cada comida / al acostarse / cuando tenga dolor / cada 4 horas.
  食前に / 就寝時に / 痛むときに / 4時間おきにこの薬を服用してください。
- Es mejor que consulte al médico / vaya al hospital.
  医者に診察してもらう / 病院に行かれた方がいいです。

◇ Tengo ganas de vomitar / diarrea.
  吐き気がします / 下痢をしています。

◇ ¿Qué farmacia está de turno / guardia hoy?
  どの薬局が今日の当番 / 宿直ですか？

◇ Necesito el recibo para el seguro.
  保険のために領収書が必要です。

3 薬局で

- (イラスト1) アヤは風邪薬が必要です。
  - 薬剤師：こんにちは。
  - アヤ　：こんにちは。風邪薬が欲しいのですが。

- (イラスト2) 薬剤師は症状を尋ねます。
  - 薬剤師：どのような症状ですか？鼻水、あるいは咳は出ますか？
  - アヤ　：鼻水が出て、喉が痛いです。

- (イラスト3) 薬剤師は熱があるかどうか尋ねます。
  - 薬剤師：熱はありますか？
  - アヤ　：いいえ、熱はありません。

- (イラスト4) 薬剤師はアレルギーがあるかどうか尋ねます。
  - 薬剤師：アレルギーはありますか？
  - アヤ　：はい。アスピリンに対してアレルギーがあります。

- (イラスト5) 薬剤師はアヤに薬を渡します。
  - 薬剤師：1日に3回、食後にこの薬を服用してください。

- (イラスト6) アヤは何錠服用するのか尋ねます。
  - アヤ　：何錠服用するのですか？
  - 薬剤師：毎回1錠です。

- (イラスト7) アヤはどれだけの期間、薬を服用しなくてはならないかを尋ねます。
  - アヤ　：どれだけの間、薬を服用すればいいですか？
  - 薬剤師：症状がなくなるまでです。ただし、服用は1週間以内に留めてください。

- (イラスト8) アヤは薬局を出ます。
  - 薬剤師：さようなら。お大事になさってください。
  - アヤ　：ありがとうございます。さようなら。

Pausa 少し休憩

常備薬

　持病やアレルギーがある場合は、日本で服用している薬を持って行くようにした方が良いでしょう。気候や気温、食習慣の違いから風邪や胃腸の変調を引き起こすことがありますので、風邪薬、胃腸薬などの常備薬を用意して行くことをお勧めします。もちろん薬局で症状を話して薬を買うこともできますが、日本人とは体格なども異なりますので、身体に合わないこともありえます。

　病院に行った場合は医師の診断書、治療費の明細、支払いの領収書をもらっておいてください。海外旅行傷害保険を請求する際に、日本の保険会社に提出する必要があります。日本の健康保険も治療費の全額ではありませんが、申請すれば払い戻しを受けられます。ただし、日本から用紙を持って行き、現地の病院で病状、病名、治療の内容を記入の上、サインをしてもらう必要があります。

En la ciudad 街で

ボキャブラリー

dolor　痛み
dolor de cabeza　頭痛
diente　歯
muela　奥歯
oído　耳（聴覚器官全体）
oreja　耳（外耳）
estómago　胃
caderas　腰

diarrea　下痢
estreñimiento　便秘
tos　咳
cortadura　切り傷
fractura　骨折
alergia　アレルギー
fiebre　熱

enfermedad　病気
resfriado / catarro　風邪
gripe　インフルエンザ

médico / médica　医者
enfermero / enfermera　看護師
paciente　患者

medicina　薬
antibiótico　抗生物質
inyección　注射
receta　処方箋
seguro　保険
presión arterial　血圧

ambulancia　救急車
farmacia　薬局
hospital　病院

イラスト辞書

cuerpo 身体

- ceja 眉
- pelo / cabello 髪、毛
- ojo 目
- cara 顔
- cabeza 頭
- nariz 鼻
- diente / muela 歯
- oreja 耳
- mejilla 頬
- boca 口
- cuello 首
- hombro 肩
- dedo 指
- mandíbula / barbilla あご
- mano 手
- garganta 喉
- brazo 腕
- pecho 胸
- espalda 背中
- cintura ウエスト
- codo 肘
- caderas 腰
- vientre 腹
- ombligo へそ
- rodilla ひざ
- culo / nalgas しり
- muslo もも
- pierna 脚
- pie 足

estación 駅

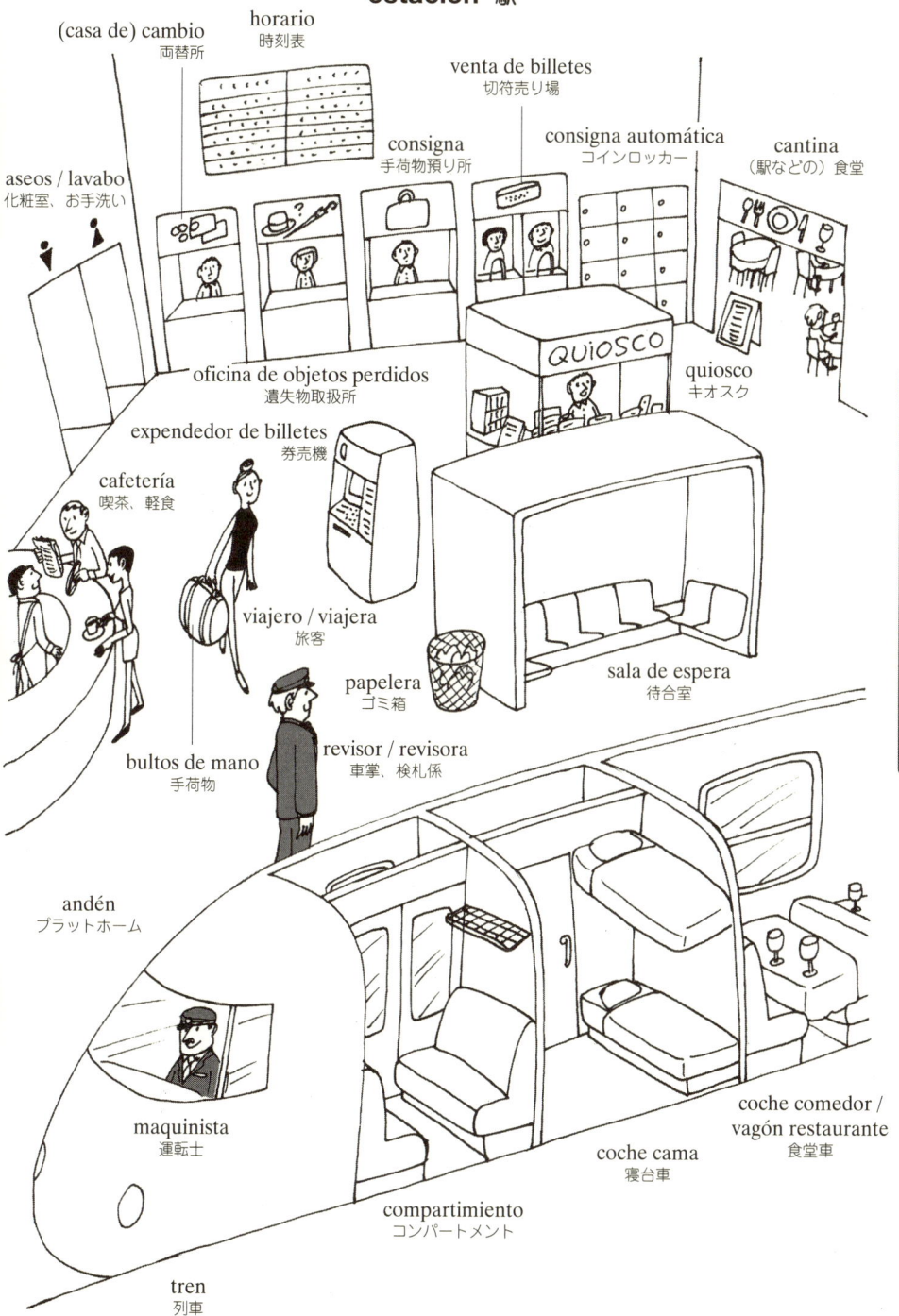

- (casa de) cambio 両替所
- horario 時刻表
- venta de billetes 切符売り場
- consigna 手荷物預り所
- consigna automática コインロッカー
- cantina （駅などの）食堂
- aseos / lavabo 化粧室、お手洗い
- oficina de objetos perdidos 遺失物取扱所
- quiosco キオスク
- expendedor de billetes 券売機
- cafetería 喫茶、軽食
- viajero / viajera 旅客
- papelera ゴミ箱
- sala de espera 待合室
- bultos de mano 手荷物
- revisor / revisora 車掌、検札係
- andén プラットホーム
- maquinista 運転士
- coche cama 寝台車
- coche comedor / vagón restaurante 食堂車
- compartimiento コンパートメント
- tren 列車

En la ciudad 街で

Gramática

直説法と接続法

　直説法、接続法ということばにある「法」とは、できごとや行為に対する話し手の気持ちを表現する方法のことです。「鈴木さんが来ます」と言うのと「鈴木さんが来ることを望みます」と言うのでは、鈴木さんが来ることについての話し手の気持ちが異なります。つまり、事実を述べているということと願望を述べているという違いがあります。

直説法：できごとや行為を現実や事実として述べます。
　　　Jorge **trabaja** conmigo.　　ホルヘは私と一緒に働いています。

接続法：できごとや行為を現実ではないこと、あるいは仮定として述べます。
　　　Quiero que Jorge **trabaje** conmigo.　　私はホルヘが私と一緒に働くことを望みます。

接続法現在

❶**命令文で使われます。**（tú, vosotros に対する肯定命令は除きます）
　　　Hable más despacio.　　　　　　　もっとゆっくり話してください。

❷**従属節や関係節で使われます。主動詞は、次のような意味を持つ動詞です。**
　①願望、命令、依頼、許可、禁止など
　　　Te pido que traigas ese libro mañana.　　明日、その本を持ってくるようお願いします。

　②疑惑、否定など
　　　No creo que Carlos venga a mi casa.　　カルロスが私の家に来るとは思いません。

　③感情、喜怒哀楽など
　　　Me alegro de que podamos pasar juntos hoy.　　今日、私たちが一緒に過ごせて嬉しいです。

　④価値判断、必要性や可能性など
　　　Es posible que Antonio no llegue a tiempo.　　アントニオは間に合わない可能性があります。

❸**願望や疑惑を表す独立文で使われます。**
　①願望
　　　¡Ojalá (que) él me lleve a casa!　　彼が私を家まで連れて行ってくれますように。
　　　= ¡Que me lleve a casa!

　②疑惑：quizá(s)、tal vez に続く動詞は原則として接続法が使われます。
　　　　　疑惑が弱い場合には直説法が用いられます。
　　　Quizás tú lo sepas mejor que yo.　　たぶん君はそのことを私よりよく知っているでしょう。
　　　Tal vez vuelva mañana.　　おそらく彼は明日戻るでしょう。

Unidad 4

Track 34-42

Conocer gente　　　人と会う

1. **Citarse**　　　約束する
2. **Visitar**　　　訪問する
3. **Expresar gustos**　　　好みについて話す

1 Citarse ...... 約束する

Track 34

Parte 1 アヤが友人の家を訪問する約束をします。まずは CD を聴いてみましょう。

— ¡Hola! ¿Qué haces aquí?
— ¡Hola, Aya! ¡Qué casualidad!

Aya se encuentra con una amiga en una calle.

— Oye, Aya, ¿cómo te va? ¿Estás disfrutando del viaje?
— Todo bien, gracias. Pero ya tengo que regresar a Japón la próxima semana.

Se saludan.

— ¿Ya te vas? Entonces, ¿por qué no vienes a mi casa y comemos juntos?
— ¿Verdad? ¡Qué gusto!

La amiga invita a Aya a su casa.

— ¿Qué te parece este sábado? ¿Tienes algún plan?
— No. Está bien para el sábado.

La amiga le pregunta su plan.

🔑 重要表現を覚えましょう。
キーセンテンス

◇ ¿Qué haces aquí?
　ここで何をしているのですか？

● ¿Cómo te va?
　元気ですか？調子はどうですか？

◇ Tengo que regresar a Japón.
　日本へ帰らなければならない。

● ¿Por qué no vienes a mi casa?
　私の家に来ませんか？

● ¿Qué te parece este sábado?
　今週の土曜日はどうですか？

● ¿Tienes algún plan?
　何か予定は入っていますか？

◇ Está bien para el sábado.
　土曜日でいいです。

Unidad 4

¿Cómo voy a tu casa?

¿Ya sabes viajar en metro?

Sí.

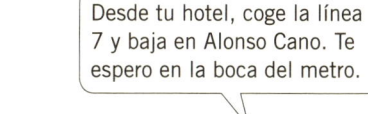

Desde tu hotel, coge la línea 7 y baja en Alonso Cano. Te espero en la boca del metro.

De acuerdo.

Aya pregunta a su amiga cómo llegar a su casa.

La amiga le explica.

¿A qué hora quedamos?

Quedamos a las 2. ¿Te conviene?

Vale.

Bueno, Aya. Nos vemos el sábado,

Gracias por tu invitación. Hasta el sábado.

Fijan la hora de cita.

Se despiden.

Conocer gente 人と会う

◇ ¿A qué hora / Dónde quedamos?
   = ¿A qué hora / Dónde nos vemos?
   何時に / どこで待ち合わせますか？

● Quedamos a las 2 / en la estación.
   = Nos vemos a las 2 / en la estación.
   2時に / 駅で待ち合わせましょう。

◇ Hasta el sábado / mañana.
   土曜日に / 明日会いましょう。

1 Citarse

Track 35

Parte 2 今度はアヤになって、友人と約束しましょう。

¡Hola, Aya! ¡Qué casualidad!

Aya se encuentra con una amiga en una calle.

Oye, Aya, ¿cómo te va? ¿Estás disfrutando del viaje?

Se saludan.

¿Ya te vas? Entonces, ¿por qué no vienes a mi casa y comemos juntos?

La amiga invita a Aya a su casa.

¿Qué te parece este sábado? ¿Tienes algún plan?

La amiga le pregunta su plan.

約束や待ち合わせをする際に役立つ表現を覚えましょう。

応用表現

Track 36

- ¿Qué vas a hacer esta noche / mañana?
  今晩 / 明日は何をするの？

◇ Vamos a la playa（場所）/ jugar al tenis.（動詞の原形）
ビーチに行きましょう。/ テニスをしましょう。

- ¿Qué te parece si vamos al cine?
  映画館に行きませんか？

- ¿A dónde vas ahora?
  今どこに行くのですか？

Unidad 4

Track 35

¿Ya sabes viajar en metro?

Desde tu hotel, coge la línea 7 y baja en Alonso Cano. Te espero en la boca del metro.

Aya pregunta a su amiga cómo llegar a su casa.

La amiga le explica.

Quedamos a las 2. ¿Te conviene?

Bueno, Aya. Nos vemos el sábado,

Fijan la hora de cita.

Se despiden.

Conocer gente 人に会う

◇ Lo siento, pero no puedo.
残念ですが、無理です。

◇ Eso no me conviene.
それは都合が悪いです。

◇ Mejor el lunes / en autobús.
月曜日 / バスの方がいいです。

◇ Ésta es mi dirección de e-mail.
これが私のメールアドレスです。

◇ ¿Puedes darme tu número de teléfono / tu dirección de e-mail?
電話番号 / メールアドレスを教えてください。

● Si no hay inconveniente, nos vemos el domingo.
都合が悪くなければ、日曜日に会いましょう。

1 約束する

- イラスト1　アヤは街で友人に偶然出会います。
  - アヤ　：　あら！こんなところで何をしているの？
  - 友人　：　アヤ！偶然ね！

- イラスト2　あいさつをします。
  - 友人　：　アヤ、元気？旅行を楽しんでいる？
  - アヤ　：　すべて順調よ、ありがとう。でも来週には日本に帰国しなければならないの。

- イラスト3　友人はアヤを自宅に招待します。
  - 友人　：　もう？だったら一度家に来て。昼食でもどうかしら？
  - アヤ　：　本当に？うれしいわ！

- イラスト4　友人はアヤの都合を聞きます。
  - 友人　：　今週の土曜日はどう？何か予定は入っている？
  - アヤ　：　いいえ、土曜日でいいわ。

- イラスト5　アヤは友人の家までの行き方を尋ねます。
  - アヤ　：　家にはどうやって行けばいいの？
  - 友人　：　地下鉄の乗り方はわかる？
  - アヤ　：　ええ。

- イラスト6　友人が説明します。
  - 友人　：　あなたの宿泊しているホテルからなら、7号線に乗ってアロンソ・カノ駅で降りて。地下鉄の入口で待っているわ。
  - アヤ　：　わかったわ。

- イラスト7　2人は待ち合わせの時間を決めます。
  - アヤ　：　何時に待ち合わせる？
  - 友人　：　2時にしましょう。どうかしら？
  - アヤ　：　いいわ。

- イラスト8　2人は別れます。
  - 友人　：　じゃあ、アヤ、土曜日にね。
  - アヤ　：　誘ってくれてありがとう。土曜日にね。

Pausa 少し休憩

親しさの表現方法

　スペイン語圏のあいさつはスキンシップが中心です。家族や友人同士、親しくなった相手には抱擁（abrazo）、握手（apretón de manos）、キス（beso）であいさつをします。besoは女性同士、男女間で行われ、スペインは両頬に、中南米は片頬に１回軽くキスをします。日本にはない習慣ですので、いきなりこうしたあいさつをされると驚くでしょう。

　親しさの目安をもう１つ紹介しましょう。スペイン語には２つのyouがあります。túとustedの２つです。一般的に「初対面の人・年上の人にはustedを、親しい間柄にはtúを使う」と説明されます。相手と自分との心理的距離を表す目安の１つだと考えてください。

ボキャブラリー

dirección　住所	avión　飛行機
dirección de e-mail　メールアドレス	tren　電車
número de teléfono　電話番号	metro　地下鉄
móvil / celular（中南米）　携帯電話	autobús　バス
libre　暇な	taxi　タクシー
ocupado / ocupada　忙しい	bicicleta　自転車
plan　計画、予定	coche / carro（中南米）　車
mañana　朝、午前	a pie　徒歩で
tarde　午後	
noche　夜	

2 Visitar …… 訪問する　　　　Track 37

Parte 1　アヤは友人の家を訪れます。まずは CD を聴いてみましょう。

- Buenas tardes, señora García. Soy Aya, amiga de Claudia.
- Hola, Aya. Bienvenida. Pasa, por favor.
- Gracias. Con permiso.

Aya visita la casa de una amiga y su madre abre la puerta.

- Aya, te presento a mi padre.
- Mucho gusto, Aya. Estás en tu casa.
- Encantada de conocerle, señor García.

Aya saluda al padre de su amiga.

- Muchas gracias por la invitación. Éste es un regalo de Japón.
- Muchas gracias. ¡Qué bonito pañuelo!
- Se llama "Furoshiki". Se usa para envolver cosas.

Aya entrega un regalo de Japón.

- Estaba muy deliciosa la comida.
- Me alegro de que te haya gustado. ¿No quieres más?
- Ya estoy llena, gracias.

Después de la comida.

重要表現を覚えましょう。
キーセンテンス

- Bienvenido / Bienvenida.
  ようこそ。
- Pasa, por favor.
  さあ、入ってください。
- Te presento a mi padre / madre.
  私の父 / 母を紹介します。
- ◇ Mucho gusto.
  =Encantado / Encantada.
  はじめまして。お会いできて光栄です。
- Estás en tu casa.
  くつろいでください。
- ◇ Estaba muy deliciosa / buenísima / riquísima la comida.
  とてもおいしい料理でした。

Unidad 4 **2** Track 37

¿Les importaría tomarse una foto conmigo?

Sí, cómo no. Con mucho gusto.

Te enviaré esta foto por mail.

Gracias. Yo también te escribiré.

Aya saca una foto con la familia de su amiga.

Aya dice a su amiga que le enviará la foto.

Ah, ya es hora de regresar. Tengo que marcharme.

¿Ya te vas? Quédate un poquito más.

Gracias por todo. Me lo pasé muy bien.

Nosotros también. Espero que nos veamos pronto. ¡Que tengas un buen viaje!

Será mejor regresar antes de que anochezca.

Aya dice que ya se va.

Se despiden.

◇ Ya es hora de regresar.
もう帰る時間です。

◇ Tengo que marcharme.
お暇しなければなりません。

◇ Gracias por todo.
いろいろありがとうございました。

◇ Me lo pasé muy bien.
とても楽しかったです。

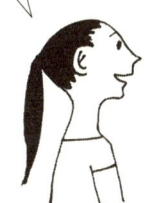

● Espero que nos veamos pronto.
近いうちにまた会えるといいですね。

Conocer gente 人と会う

2 Visitar Track 38

Parte 2 今度はアヤになって、友人の家を訪れましょう。

> Hola, Aya. Bienvenida. Pasa, por favor.

Aya visita la casa de una amiga y su madre abre la puerta.

> Aya, te presento a mi padre.
>
> Mucho gusto, Aya. Estás en tu casa.

Aya saluda al padre de su amiga.

> Muchas gracias. ¡Qué bonito pañuelo!

Aya entrega un regalo de Japón.

> Me alegro de que te haya gustado. ¿No quieres más?

Después de la comida.

訪問や別れの際に役立つ表現を覚えましょう。

応用表現

Track 39

◇ ¡Cuánto tiempo sin verle!
おひさしぶりです。

◇ Espero que le guste.
気に入っていただけるとうれしいのですが。

◇ ¿Puedo usar el servicio / baño?
トイレをお借りしてもよろしいですか？

◇ Espero que venga a Japón algún día.
いつか日本に来てください。

◇ Póngase en contacto conmigo, cuando venga a Japón.
日本に来る時は、連絡ください。

Unidad 4 — 2 — Track 38

— Sí, cómo no. Con mucho gusto.

— Gracias. Yo también te escribiré.

Aya saca una foto con la familia de su amiga.

Aya dice a su amiga que le enviará la foto.

— ¿Ya te vas? Quédate un poquito más.

— Nosotros también. Espero que nos veamos pronto. ¡Que tengas un buen viaje!

Aya dice que ya se va.

Se despiden.

Conocer gente 人と会う

◇ Me alegro de haberlo / haberla conocido.
お知り合いになれてうれしいです。

◇ Me llevo un buen recuerdo.
いい思い出になります。

◇ Es una lástima, pero ya tengo que marcharme.
残念ですが、もうお暇しなければなりません。

◇ ¡Que tenga un buen día!
よい一日を！

◇ Cuídese mucho.
お体には気をつけて。

2 訪問する

(イラスト1) アヤは友人の家を訪れます。友人の母親がドアを開けます。
アヤ　　　：こんにちは、ガルシアさん。クラウディアの友達のアヤです。
友人の母　：こんにちは、アヤ。ようこそ。さあ、入って。
アヤ　　　：ありがとうございます。お邪魔します。

(イラスト2) アヤは友人の家族にあいさつをします。
友人　　　：アヤ、私の父を紹介するわ。
友人の父　：はじめまして、アヤ。自分の家だと思ってくつろいでください。
アヤ　　　：お会いできて光栄です、ガルシアさん。

(イラスト3) アヤは日本のおみやげを渡します。
アヤ　　　：お招きいただきありがとうございます。これは日本のおみやげです。
友人の母　：まあ、ありがとう。きれいなスカーフね。
アヤ　　　：「風呂敷」と言います。物を包むときに使います。

(イラスト4) **食事の後で**
アヤ　　　：とてもおいしい料理でした。
友人の母　：お口に合ってよかったわ。もっといかが？
アヤ　　　：ありがとうございます。もうおなかがいっぱいです。

(イラスト5) アヤは友人の家族と写真を撮ります。
アヤ　　　：一緒に写真を撮らせていただいてもいいですか？
友人の父　：もちろん、喜んで。

(イラスト6) アヤは写真を送ると言います。
アヤ　　　：この写真はメールで送るわ。
友人　　　：ありがとう。私もメールするわ。

(イラスト7) アヤは帰ることを告げます。
アヤ　　　：ああ、もうこんな時間。そろそろお暇しなければなりません。
友人　　　：もう行くの？もうちょっとゆっくりしたら？
アヤ　　　：でも暗くなる前に帰ったほうがいいから。

(イラスト8) 別れのあいさつをします。
アヤ　　　：いろいろありがとうございました。とても楽しかったです。
友人の母　：私たちも楽しかったですよ。近いうちにまた会えるといいわね。よい旅を。

Pausa 少し休憩

日本語特有の表現

　日常よく使う日本語でスペイン語に訳しづらい表現があります。たとえば「ごちそうさま」、「いってらっしゃい」、「ただいま」、「つまらないものですが」などがそうです。

　これらはスペイン語にない表現なのですが、あえて訳すとすると次のようになるでしょう。

ごちそうさま	Estaba delicioso.	おいしかったです。
いってらっしゃい	Que le vaya bien.	良いことがありますように。
ただいま	Ya estoy en casa.	もう家にいます。
つまらないものですが	Es sólo un pequeño regalo.	小さなプレゼントです。

　逆に日本語にしづらいスペイン語もあります。たとえば、呼びかけの言葉です。señor、señorita などをはじめ、恋人や夫婦間の呼びかけでは amor（愛）、cariño（愛情）、media naranja（オレンジの半分＝伴侶）なんて表現もあります。日本人は普段こういった呼びかけを使わないので日本語には訳しづらいですね。

ボキャブラリー

padre　父親
madre　母親
padres　両親
hermano / hermana　兄弟 / 姉妹
abuelo / abuela　祖父 / 祖母
hijo / hija　息子 / 娘
esposo / esposa　夫 / 妻

tío / tía　おじ / おば
nieto / nieta　孫
primo / prima　いとこ
novio / novia　恋人
amigo / amiga　友達
compañero / compañera　仲間
compañero de trabajo / de clase　同僚 / クラスメート

3 Expresar gustos ······ 好みについて話す   Track 40

Parte 1 友人宅でサッカーを観戦します。まずは CD を聴いてみましょう。

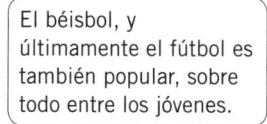

¿Cuál es el deporte más popular en tu país?

El béisbol, y últimamente el fútbol es también popular, sobre todo entre los jóvenes.

¿Y a ti? ¿Te gusta el fútbol?

Sí, me gusta mucho, en especial, la Liga Española. Siempre la veo por televisión en Japón.

Un amigo pregunta a Aya sobre los deportes populares en Japón.

El amigo le pregunta sobre el fútbol.

¿Es verdad?

Sí. A muchos japoneses les fascina la Liga Europea porque juegan los mejores futbolistas del mundo.

¿Y qué equipo te gusta?

A mí me encanta el Barcelona.

Aya comenta la Liga Europea.

El amigo le pregunta su equipo favorito.

重要表現を覚えましょう。
キーセンテンス

- ¿Cuál es el deporte más popular en tu país?
  君の国で一番人気のあるスポーツは何ですか？

- ¿Te gusta el fútbol?
  サッカーは好きですか？

◇ A muchos japoneses les fascina la Liga Europea.
  ヨーロッパリーグは多くの日本人を魅了しています。

- ¿Qué equipo / jugador te gusta más?
  どのチーム / 選手が一番好きですか？

◇ A mí me encanta el Barcelona.
  私は FC バルセロナが大好きです。

Aya le pregunta a su amigo sobre su equipo favorito.

¿Y a ti? ¿Cuál es tu equipo favorito?

Yo también soy hincha del Barça. Estoy contento de que el equipo marche bien este año.

El amigo le invita a ver juntos el partido en la televisión.

Ahora están transmitiendo un partido. ¿Quieres verlo conmigo?

Aya pregunta los equipos que juegan.

¡Claro que sí! ¿Qué equipos juegan?

El Barcelona y el Real Madrid.

¿Verdad?

Aya pregunta el tanteo del partido.

¿Cómo va el marcador?

El Barça va ganando uno a cero.

¡Estupendo!

◇ ¿Cuál es tu equipo favorito?
あなたはどのチームが好きですか？

● Soy hincha del Barça.
私はバルサ（FC バルセロナ）のファンです。

● Estoy contento / contenta de que el equipo marche bien.
チームの調子がいいので満足しています。

◇ Claro que sí / no.
もちろんそうです / ちがいます。

◇ ¿Qué equipos juegan?
どこのチームの試合ですか？

◇ ¡Estupendo!
すばらしい！

Conocer gente 人と会う

3 Expresar gustos

Track 41

Parte 2 今度はアヤになって、サッカーについて会話をしてみましょう。

¿Cuál es el deporte más popular en tu país?

Un amigo pregunta a Aya sobre los deportes populares en Japón.

¿Y a ti? ¿Te gusta el fútbol?

El amigo le pregunta sobre el fútbol.

¿Es verdad?

Aya comenta la Liga Europea.

¿Y qué equipo te gusta?

El amigo le pregunta su equipo favorito.

趣味や好み述べる際に役立つ表現を覚えましょう。
応用表現

Track 42

- ¿Cuál es su afición?
  あなたの趣味は何ですか？

◇ Mi afición es la lectura.
  私の趣味は読書です。

◇ No me gusta hacer deporte.
  スポーツをすることが好きではありません。

◇ Soy aficionado / aficionada a la ópera.
  私はオペラのファンです。

- ¿Qué tipo de música le gusta?
  どんなタイプ（ジャンル）の音楽が好きですか？

Unidad 4 — 3 — Track 41

> Ahora están transmitiendo un partido. ¿Quieres verlo conmigo?

> Yo también soy hincha del Barça. Estoy contento de que el equipo marche bien este año.

Aya le pregunta a su amigo sobre su equipo favorito.

El amigo le invita a ver juntos el partido en la televisión.

> El Barcelona y el Real Madrid.

> El Barça va ganando uno a cero.

Aya pregunta los equipos que juegan.

Aya pregunta el tanteo del partido.

Conocer gente 人と会う

◇ A mí se me da bien / mal la cocina.
  私は料理が得意 / 苦手です。

◇ Voy frecuentemente al cine.
  よく映画に出かけます。

◇ Me emocioné con esta novela.
  この小説に感動しました。

◇ Me alegro de ver esta obra de teatro.
  この演劇を見られてうれしいです。

3 好みについて話す

(イラスト1) **友人がアヤに日本で人気のスポーツについて尋ねます。**
友人 ： アヤ、君の国ではどんなスポーツが人気なんだい？
アヤ ： 野球が人気よ。最近はサッカーも人気ね。特に若者の間でね。

(イラスト2) **友人がサッカーについて尋ねます。**
友人 ： 君はサッカーが好きかい？
アヤ ： ええ、大好きよ。特にスペインリーグが大好きで、日本でもいつもテレビで試合を見ているわ。

(イラスト3) **アヤはヨーロッパリーグについて話します。**
友人 ： 本当かい？
アヤ ： ええ。ヨーロッパリーグが好きな日本人は多いのよ。世界中のトッププレイヤーがプレイしているからね。

(イラスト4) **友人はアヤの好きなチームを尋ねます。**
友人 ： ところで君はどのチームが好き？
アヤ ： バルセロナが大好きよ。

(イラスト5) **アヤは友人にどのチームのファンかを尋ねます。**
アヤ ： あなたはどのチームが好きなの？
友人 ： 僕もバルサだよ。今年はチームの調子が良くてうれしいよ。

(イラスト6) **友人はテレビでのサッカー観戦を勧めます。**
友人 ： 今、テレビでサッカーの試合が放映されているよ。一緒に見るかい？

(イラスト7) **アヤはどのチームの試合かを尋ねます。**
アヤ ： もちろん！どのチームの試合なの？
友人 ： バルセロナとレアル・マドリードだよ。
アヤ ： ほんと？

(イラスト8) **アヤは試合の経過を尋ねます。**
アヤ ： スコアはどうなっている？
友人 ： バルサが1対0でリードしているよ。
アヤ ： やった！

Pausa 少し休憩

スペイン語圏のスポーツ

　スペインで人気のあるスポーツはやはりサッカーです。世界の選りすぐりの選手が活躍するスペイン国内リーグ Liga Española は日本でも人気があります。なかでもレアル・マドリードと FC バルセロナの試合は、El Clásico（伝統の一戦）と呼ばれ、最も注目を集める試合です。

　サッカー以外にもテニスや F1、バスケットボール、自転車ロードレースなどでスペイン人選手が世界的に活躍をしています。

　一方、ラテンアメリカに目を向けると、アルゼンチンやメキシコなどサッカーの盛んな国が多いですが、キューバやドミニカ共和国、ベネズエラなどのカリブ海諸国は野球の強豪国として知られています。アメリカのメジャーリーグで活躍している選手には中南米出身の選手が数多くいます。

ボキャブラリー

afición　趣味	cine　映画
	actor　俳優
música　音楽	actriz　女優
canción　歌	película de miedo　ホラー映画
cantante　歌手	película de amor　恋愛映画
rock　ロック	película de acción　アクション映画
salsa　サルサ	
música clásica　クラシック音楽	deporte　スポーツ
música latina　ラテン音楽	béisbol　野球
jazz　ジャズ	tenis　テニス
pop　ポップス	baloncesto　バスケットボール
	fórmula 1 (uno)　F1
teatro　演劇	golf　ゴルフ
videojuego　テレビゲーム	esquí　スキー
lectura　読書	buceo　ダイビング
	fútbol　サッカー

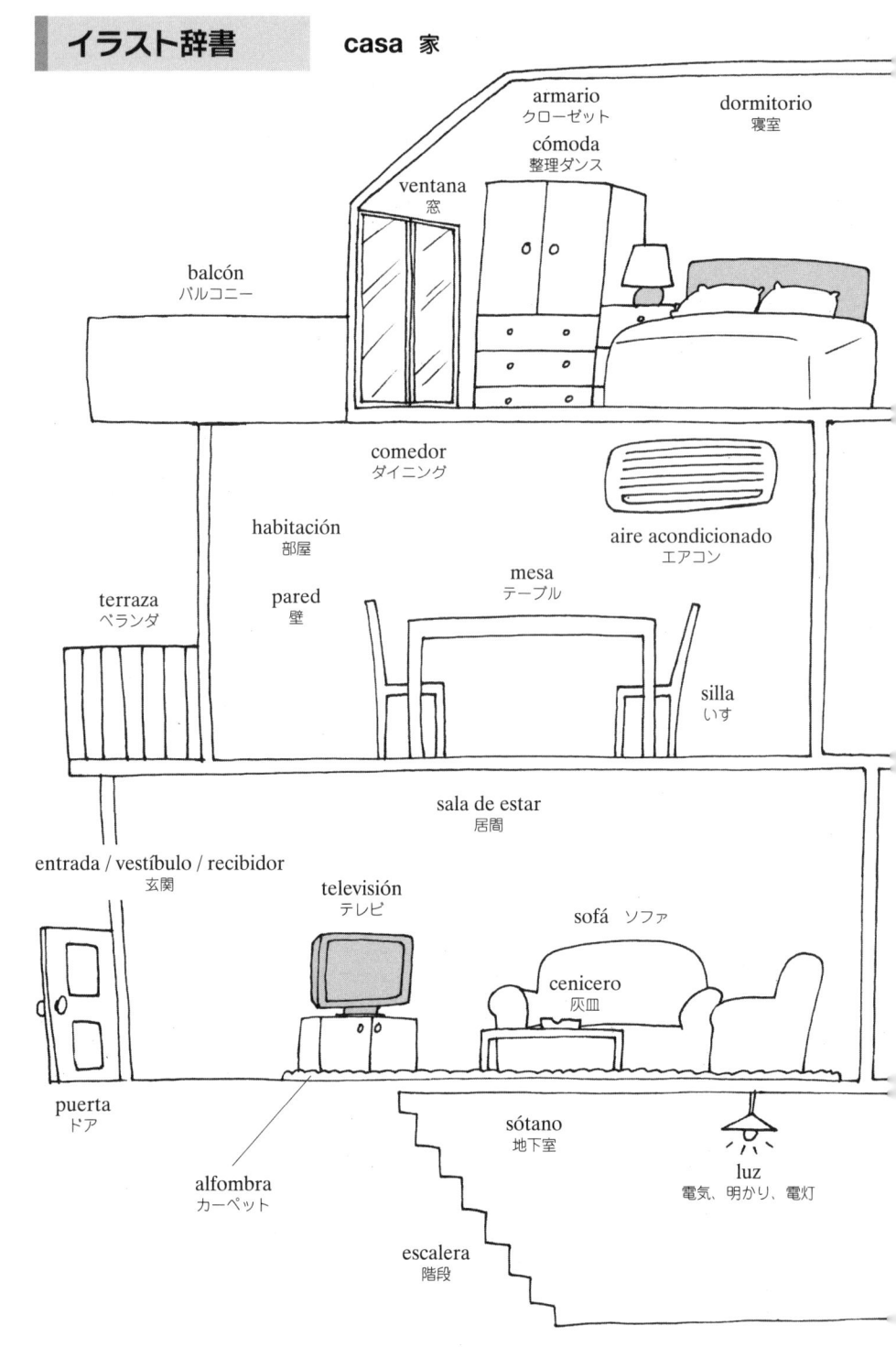

イラスト辞書

casa 家

- armario / クローゼット
- dormitorio / 寝室
- cómoda / 整理ダンス
- ventana / 窓
- balcón / バルコニー
- comedor / ダイニング
- habitación / 部屋
- aire acondicionado / エアコン
- mesa / テーブル
- pared / 壁
- terraza / ベランダ
- silla / いす
- sala de estar / 居間
- entrada / vestíbulo / recibidor / 玄関
- televisión / テレビ
- sofá / ソファ
- cenicero / 灰皿
- puerta / ドア
- sótano / 地下室
- luz / 電気、明かり、電灯
- alfombra / カーペット
- escalera / 階段

servicio / baño / aseo / lavabo
トイレ

espejo
鏡

cuarto de baño
浴室

cocina
台所

frigorífico / nevera
冷蔵庫

suelo
床

gas
ガス台

horno
オーブン

calendario
カレンダー

reloj
時計

estante / estantería
本棚

despacho
書斎

escritorio
机

garaje
ガレージ

pasillo
廊下

Conocer gente 人と会う

Gramática

再帰動詞

再帰動詞とは、基本的に「動詞の行為が再び自分自身に帰ってくる」という意味を持ちます。**再帰代名詞**（me, te, se, nos, os, se）と一緒に使うのが特徴です。

levantarse（起きる）を例に見てみましょう。levantar（～を起こす）という他動詞に再帰代名詞（自分自身を）をつけることによって「私は私自身を起こす」＝「起きる」という意味に変わります。いくつか例文を見てみましょう。

❶ Nosotros **nos levantamos** a las seis y **nos acostamos** a las once.
私たちは6時に起きて、11時に寝ます。　　　　　　　　　➡ levantarse（起きる）, acostarse（寝る）

Los japoneses **se quitan** los zapatos en casa. ➡ quitarse（脱ぐ）
日本人は家では靴を脱ぎます。

Julio **se casa** con María.　　　　　　　　➡ casarse（結婚する）
フリオはマリアと結婚します。

ほかにも ponerse（身に着ける）、sentarse（座る）、llamarse（～という名前である）、lavarse（自分の体[の一部]を洗う）などがよく使われます。

❷ 別の用法も見てみましょう。

Pedro y yo **nos escribimos** mails todos los días.
ペドロと私は毎日メールしています。　　　　　　　　　➡ escribirse（手紙などを書き合っている）

Ellos **se quieren** mucho.　　　　　　　　➡ qurerse（愛し合っている）
彼らはとても愛し合っています。

この用法では、「お互い～し合う」という意味で使われており、この章で取り上げた待ち合わせの表現にも出てきました。

Nos vemos el sábado.　土曜日に会いましょう。（←私たちはお互い土曜日に会います。）

❸ そして、この章で再帰動詞のもうひとつの用法が登場しました。

Ya **me marcho**.　　　　　もう帰ります。
¿Ya **te vas**?　　　　　　もう行ってしまうの？
Jorge **se comió** toda la torta.　ホルヘはパイを全部食べてしまった。

この例では「主語自身を」という「再帰」の意味はなく、動詞の意味を強調するために再帰代名詞が置かれています。irse ならば「行く」というよりは「行ってしまう」といったニュアンスに近くなります。ただし、この用法は成句化しているものが多いので、よく使われる表現をまず身につけることから始めてください。

応用編

Unidad 5

Track 43-51

Japón y su cultura
日本と文化

① **Viaje a Japón** 　　　　日本への旅行

② **El Año Nuevo en Japón** 　日本のお正月

③ **Comida japonesa** 　　　日本料理

1. Viaje a Japón …… 日本への旅行

Track 43

Parte 1 アヤの友人が日本への旅行について相談します。まずはCDを聴いてみましょう。

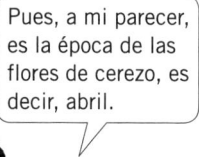

> Oye, Aya. Pienso viajar a Japón el año que viene. ¿Cuál es la mejor época para visitar Japón?

> Pues, a mi parecer, es la época de las flores de cerezo, es decir, abril.

Una amiga pide a Aya su opinión sobre el viaje a Japón.

> He visto unas fotos preciosas de los cerezos.

> Pues sí, es una maravilla. Se puede disfrutar del florecimiento de los cerezos durante casi dos meses en algunas partes de Japón.

Aya explica la época de florecimiento de los cerezos.

重要表現を覚えましょう。 キーセンテンス

- Pienso viajar a Japón el año / el mes / la semana que viene.
  来年 / 来月 / 来週日本へ旅行するつもりです。

- ¿Cuál es la mejor época para visitar Japón?
  日本を訪れるのに最も良い時期はいつですか？

- ◇ A mi parecer, es la época de las flores de cerezo, es decir, abril.
  私の考えでは、桜の花の時期、すなわち、4月です。

- ◇ Es una maravilla.
  素晴らしいです。

- ◇ Se puede disfrutar del florecimiento de los cerezos.
  桜の開花を楽しむことができます。

- ◇ en alguna(s) parte(s) de Japón
  日本のどこかで

Unidad 5 1 Track 43

¿Casi dos meses?
Pero ¿cómo es posible?

Porque el Japón es un archipiélago muy largo de sur a norte con una longitud de 2790 km. Los cerezos comienzan a florecer en marzo en el sur y acaban a principios de mayo en el norte.

La amiga se sorprende y Aya le explica la razón.

Ahora comprendo. Bueno, gracias por la información. Buscaré algún viaje organizado que parta en Semana Santa.

Espero que no te pierdas ver el florecimiento de los cerezos y que te guste mi país.

Aya desea que a su amiga le guste Japón cuando ella vaya allí.

- Pero ¿cómo es posible?
  でも、そんなことがありえるのですか？
- ◇ Porque el Japón es un archipiélago muy largo de sur a norte.
  というのは、日本は南から北までがとても長い列島だからです。
- Buscaré algún viaje organizado.
  何かパック旅行を探してみます。
- ◇ Espero que no te lo pierdas.
  それを見逃さないように望んでいます。

Japón y su cultura 日本と文化

1 Viaje a Japón

Track 44

Parte 2 アヤになって日本への旅行について話してみましょう。

> Oye, Aya. Pienso viajar a Japón el año que viene. ¿Cuál es la mejor época para visitar Japón?

Una amiga pide a Aya su opinión sobre el viaje a Japón.

> He visto unas fotos preciosas de los cerezos.

Aya explica la época de florecimiento de los cerezos.

旅行の相談に関する表現を覚えましょう。
応用表現

Track 45

- Me gustaría hablarte de mi plan.
  私の計画について話したいのですが。

- ¿Qué idea tienes del viaje a Kioto?
  京都への旅行についてどう思いますか？

- ¿Podrías decirme algo de Japón?
  日本について何か私に教えてもらえませんか？

- ¿Es verdad que los japoneses trabajan mucho?
  日本人がよく働くというのは本当ですか？

- ¿Qué opinas de mi proyecto?
  私の企画についてどう思いますか？

Unidad 5 **1** **Track 44**

¿Casi dos meses?
Pero ¿cómo es posible?

La amiga se sorprende y Aya le explica la razón.

Ahora comprendo. Bueno, gracias por la información. Buscaré algún viaje organizado que parta en Semana Santa.

Aya desea que a su amiga le guste Japón cuando ella vaya allí.

◇ Si me lo pides, te doy mi opinión.
もし必要なら、私の意見を述べます。

◇ Es muy normal que haya mucha gente en esa época.
その時期に人がいっぱいなのは普通です。

● ¡Qué ilusión!
楽しみだなぁ！

◇ ¡Que todos tus sueños se conviertan en realidad!
君の夢がすべて現実となりますように。

Japón y su cultura 日本と文化

1 日本への旅行

(イラスト1) アヤの友人が日本への旅行について意見を求めます。
友人 ： ねえ、アヤ。来年日本へ旅行しようと思ってるの。日本を訪れるのに一番いい時期はいつかしら？
アヤ ： そうねえ、私が思うには桜の時期、つまり4月ね。

(イラスト2) アヤは桜の開花時期を説明します。
友人 ： 桜のきれいな写真を見たことがあるわ。
アヤ ： ええ、そうね、素晴らしいのよ。桜の開花を約2ヶ月もの間日本のどこかで楽しめるのよ。

(イラスト3) 友人が驚くので、アヤはその理由を説明します。
友人 ： 約2ヶ月間？でも、そんなことがありえるの？
アヤ ： というのは、日本は南から北まで2790kmもある、とても長い列島だからよ。3月に南の方で開花し始めて、5月の初めに北の方で終わるのよ。

(イラスト4) アヤは友人が日本に旅行し日本を気に入ってくれることを願っています。
友人 ： そういうことなのね。情報をありがとう。聖週間に出発するパック旅行を探すわ。
アヤ ： 桜の開花を見逃さないでね、そして私の国が気に入るのを願っているわ。

Pausa 少し休憩

マンガ

　日本のマンガやアニメが外国で人気を博していることはご存じでしょう。スペインもその例外ではありません。古くは「みつばちマーヤの冒険」「アルプスの少女ハイジ」などから比較的新しいものでは「ドラゴンボール」「ドラえもん」「名探偵コナン」「ポケモン」「クレヨンしんちゃん」に至るまで多くのアニメがテレビで放映されています。特に「クレヨンしんちゃん」はスペインでも物議を醸しているようです。なかには、子どもがあまりテレビを視聴しない時間帯に放映時間を移動させた地域もあります。しかし、マンガとアニメのブームはますます盛んになっているようです。DVDも多く販売されていますのでスペイン語の学習にも大いに活用してください。

ボキャブラリー

cerezo	桜	viaje organizado	パック旅行
ciruelo	梅	viaje a Japón	日本への旅行
azalea	アザレア、ツツジ	principio	始まり
arce	楓、もみじ	fin	終わり
florecimento	開花	isla	島
hojas otoñales / hojas rojas	紅葉	archipiélago	列島
época	時期	este	東
época de lluvias	梅雨、雨期	oeste	西
		sur	南
		norte	北

Japón y su cultura 日本と文化

2. El Año Nuevo en Japón ····· 日本のお正月 Track 46

Parte 1 アヤと友人が年末の休暇について話しています。まずはCDを聴いてみましょう。

> Oye, por cierto, se acerca la Navidad, ¿verdad? ¿Qué vas a hacer en las fiestas?

> Pues, voy a conocer la Navidad en España por primera vez. Y después, vuelvo a Japón para el Año Nuevo.

Aya piensa volver a Japón para el Año Nuevo después de la Navidad.

> ¿Por qué no lo pasas en España?

> Es que mis padres me esperan y he encontrado un billete de avión muy barato. Además el Año Nuevo es muy importante para nosotros.

Aya explica la razón del regreso a su país.

🔑 重要表現を覚えましょう。
キーセンテンス

- Oye, por cierto, se acerca la Navidad.
  ねえ、ところでクリスマスが近づいています。

- ¿Qué vas a hacer?
  何をするつもりですか？

◇ Voy a conocer la Navidad en España.
  スペインでのクリスマスを体験します。

- ¿Por qué no lo / la pasas en España?
  どうしてスペインで過ごさないのですか？

◇ Es que mis padres me esperan.
  なぜなら、両親が待っているからです。

Unidad 5 — 2 — Track 46

¿Es tan importante como la Navidad en España?

Sí, en cierto sentido. Se reúne toda la familia y se prepara comida especial para celebrar el Año Nuevo.

La amiga pregunta cómo es el Año Nuevo en Japón.

El Año Nuevo es de origen religioso, ¿verdad? Y, ¿vais a rezar en el templo?

Sí, vamos a un templo o santuario y rezamos para que la familia se encuentre feliz todo el año.

Bueno, pues, que te lo pases bien en Japón.

La amiga pregunta si van ellos al templo para el Año Nuevo.

Japón y su cultura 日本と文化

◇ Es muy importante para nosotros.
私たちにとって、とても重要です。

● ¿Es tan importante como la Navidad?
クリスマスと同じくらい重要なのですか？

◇ Se reúne toda la familia.
家族全員が集まります。

◇ Rezamos para que la familia se encuentre feliz.
家族が幸せであるように祈ります。

2　El Año Nuevo en Japón　　Track 47

Parte 2　アヤになって、年末の休暇について話してみましょう。

Oye, por cierto, se acerca la Navidad, ¿verdad? ¿Qué vas a hacer en las fiestas?

Aya piensa volver a Japón para el Año Nuevo después de la Navidad.

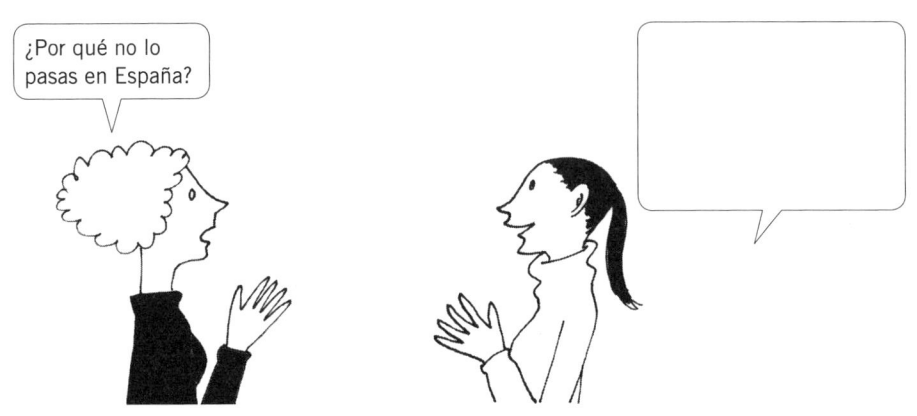

¿Por qué no lo pasas en España?

Aya explica la razón del regreso a su país.

クリスマスについて話す際に役立つ表現を覚えましょう。
応用表現

Track 48

- Las Navidades están muy cerca.
  クリスマス休暇が間近です。

- La Navidad está a la vuelta de la esquina.
  クリスマスはもうすぐそこです。

- ¿Tienes algún plan para las Navidades?
  クリスマス休暇に何か計画がありますか？

- ◇¿Cómo es la Navidad en España?
  スペインのクリスマスはどんなですか？

- La gente va a la misa del gallo.
  人々は（クリスマスイブの）深夜ミサに行きます。

Unidad 5 — 2 — Track 47

¿Es tan importante como la Navidad en España?

La amiga pregunta cómo es el Año Nuevo en Japón.

El Año Nuevo es de origen religioso, ¿verdad? Y, ¿vais a rezar en el templo?

Bueno, pues, que te lo pases bien en Japón.

La amiga pregunta si van ellos al templo para el Año Nuevo.

Japón y su cultura 日本と文化

- Deseo que pases Felices Fiestas.
  よいクリスマスを過ごされるよう望みます。
- Te deseo una Feliz Navidad y un Próspero Año Nuevo.
  よいクリスマスと豊かな新年でありますように！
- ¡Que pases una muy Feliz Navidad!
  幸せなクリスマスでありますように！
- ¡Que te vaya bien!
  うまく行きますように！

2

日本のお正月

(イラスト1) アヤはクリスマスの後、日本へ帰ろうと考えています。
友人 ： ねえ、ところで、クリスマスが近づいてきたわね。何をするつもり？
アヤ ： えーと、スペインでのクリスマスを初めて体験するつもりよ。その後は日本に帰るわ。

(イラスト2) アヤは帰国する理由を説明します。
友人 ： どうしてお正月もスペインで過ごさないの？
アヤ ： 両親が待っているし、安い航空券を見つけたのよ。それに、お正月は私たちにとって、とても重要なのよ。

(イラスト3) 友人は日本のお正月がどういうものかと尋ねます。
友人 ： スペインのクリスマスと同じくらいに重要なの？
アヤ ： ええ、ある意味ではね。お正月を祝うために家族全員が集まって、特別な食べ物を用意するの。

(イラスト4) 友人はお正月にお寺に行くのかと尋ねます。
友人 ： お正月は宗教に起源があるのよね？お寺でお祈りをするの？
アヤ ： ええ、お寺か神社に行って、家族が1年間ずっと幸福であることを祈るのよ。
友人 ： じゃあ、日本で楽しく過ごせるといいわね。

Pausa 少し休憩

スペインのクリスマス

　スペインやラテンアメリカでは、クリスマスは年末から年始にかけて祝われます。12月25日を中心にその前後は休暇をとって家族と過ごします。この時期は地方から都会に出てきている人たちも家族と過ごすために帰省してしまいます。そこで、長期滞在をしている外国人と見ると、クリスマスの時期を一人で過ごすのではないかと心配して、この時期の予定を尋ねてくれます。自宅に招待をしてくれる人もいます。素直に招待を受けて、スペイン人の家族と一緒に過ごすのも悪くありませんね。

ボキャブラリー

misa　ミサ
iglesia　教会
templo　寺院
santuario　神社、神殿
religión　宗教
budista　仏教の、仏教徒
sintoísta　神道の、神道の信者
católico / católica　カトリックの、カトリック教徒

fiestas　祝日、休暇
los Reyes Magos　キリストの公現日（1月6日）、東方の三博士
Pascuas de Navidad　クリスマス
Pascua　復活祭
Semana Santa　聖週間（復活祭前の週）

3 Comida japonesa ······ 日本料理

Track 49

Parte 1 アヤと友人が日本料理について話しをしています。まずは CD を聴いてみましょう。

> Mira, Aya, aquí hay un restaurante japonés nuevo.

> Ah, sí, es verdad. Podemos venir un día para comer juntos con unos amigos, ¿eh?

Una amiga señala a Aya un restaurante japonés.

> Sí, me parece muy buena idea. Me gusta mucho el sushi y ¿a ti?

> A mí me gusta más el teppan-yaki.

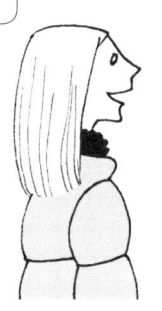

Aya y su amiga hablan de la comida japonesa preferida.

🔑 重要表現を覚えましょう。
キーセンテンス

- Aquí hay un restaurante japonés nuevo.
  ここに新しい日本料理店があります。

◇ Podemos venir un día para comer juntos / juntas.
  いつか一緒に食べに来られます。

- Me parece muy buena idea.
  とてもいい考えだと思います。

◇ A mí me gusta más el teppan-yaki.
  私は鉄板焼の方が好きです。

- No lo / la he comido todavía.
  まだそれを食べたことがありません。

◇ Esta comida se prepara en el mostrador con una plancha.
  この料理は鉄板つきのカウンターで調理をします。

Unidad 5 — 3 — Track 49

> ¿Qué es teppan-yaki? No lo he comido todavía.

> Esta comida se prepara en el mostrador con una plancha delante de los clientes sentados. El cocinero prepara carne de res, mariscos y verduras.

Aya explica cómo se prepara el teppan-yaki.

> Escuchándote se me hace la boca agua.

> Bueno, un día te llevaré a un restaurante japonés que nos sirva teppan-yaki.

> ¡Ojalá!

Aya dice que le llevará a un restaurante japonés.

◇ El cocinero prepara carne de res, mariscos y verduras.
料理人が牛肉や魚介類、野菜を焼きます。

● Escuchándote se me hace la boca agua.
あなたが話すのを聞いているとよだれが出てきます。

◇ Un día te llevaré a un restaurante japonés.
いつかあなたを日本料理店に連れて行きましょう。

● ¡Ojalá!
そう望みます／そうなるといいね！

Japón y su cultura 日本と文化

3 Comida japonesa

Track 50

Parte 2 アヤになって日本料理について話してみましょう。

Mira, Aya, aquí hay un restaurante japonés nuevo.

Una amiga señala a Aya un restaurante japonés.

Sí, me parece muy buena idea. Me gusta mucho el sushi y ¿a ti?

Aya y su amiga hablan de la comida japonesa preferida.

日本料理について話す際に役立つ表現を覚えましょう。
応用表現

Track 51

- Me apasiona el sushi.
  私はお寿司が大好きです。

- El tofu me vuelve loco / loca.
  私は豆腐に夢中です。

- Me entran ganas de comer tempura.
  私は天ぷらが食べたくなります。

- Tengo ganas de comer tempura.
  私は天ぷらを食べたいです。

- Es muy rico / rica, ¿no te parece?
  とてもおいしいと思いませんか？

Unidad 5 — 3 — Track 50

¿Qué es teppan-yaki? No lo he comido todavía.

Aya explica cómo se prepara el teppan-yaki.

Escuchándote se me hace la boca agua.

¡Ojalá!

Aya dice que le llevará a un restaurante japonés.

◇ Te invito.
  = Estás invitado / invitada.
  私のおごりです。

● ¿Qué plato japonés me recomiendas?
  どの日本料理がお薦めですか？

◇ ¿Has probado natto?
  納豆は食べてみましたか？

◇ El sake se toma caliente.
  お酒は温めて飲みます。

Japón y su cultura 日本と文化

3 日本料理

(イラスト1) アヤの友人が日本料理店を指さします。
友人 ： ねえ、アヤ、ここに新しい日本料理店があるわ。
アヤ ： ああ、そうね、本当だわ。いつか友人たちと一緒に食べに来たらいいわね。

(イラスト2) アヤと友人は好きな日本料理について話します。
友人 ： とてもいい考えだと思うわ。私はお寿司が好きだけど、あなたは？
アヤ ： 私は鉄板焼の方が好きよ。

(イラスト3) アヤはどうやって鉄板焼を調理するか説明します。
友人 ： 鉄板焼って何？まだ食べたことがないわ。
アヤ ： この料理は鉄板のついたカウンターで、座っているお客の目の前で調理をするのよ。そして料理人が牛肉や魚介類、野菜を焼くの。

(イラスト4) アヤはいつか日本料理店に友人を連れて行くと言います。
友人 ： あなたの話を聞いているとよだれが出てくるわ。
アヤ ： じゃあ、いつか鉄板焼を出してくれる日本料理店に連れて行くわ。
友人 ： そうなるといいわね！

Pausa 少し休憩

日本料理

　スペインの大都市では多くの日本料理店が営業しています。最近では、地方都市に出かけても数軒のお店を見かけます。スペインでは1990年代頃から日本食が少しずつ普及しており、ここ4、5年は健康食ブームも重なって豆腐や豆乳が大好きな人もいるほどです。お箸の使い方も板に付いてきて、とても上手にお箸でご飯を食べていたりします。日本人にとっては、それ程美味しいとは思えない日本料理を出す店もかなりありますが、スペイン人の友達を食事に誘って、和食の良さを教えてあげるのもいいでしょう。

▲日本料理店（バルセロナ）

ボキャブラリー

palillos	箸	tofu (cuajada de soja)	豆腐
toallita	おしぼり	sashimi (pescado crudo)	刺身
salsa de soja	醤油	wasabi (rábano picante)	わさび
pasta de soja	味噌	sake	酒（日本酒）
sopa de miso	味噌汁		

Días de Fiesta （祝日）

① Día de Año Nuevo　新年、元旦（1月1日）
② Día de los Reyes Magos / Epifanía del Señor
　　主御公現の祝日 / キリスト公現日（1月6日）
③ Jueves Santo　聖木曜日
④ Viernes Santo　聖金曜日
⑤ Día del Trabajo　メーデー（5月1日）
⑥ Asunción de la Virgen　聖母被昇天祭（8月15日）
⑦ Fiesta Nacional de España　イスパニアデー（10月12日）
⑧ Día de Todos Los Santos　諸聖人の日（11月1日）
⑨ Día de la Constitución Española　憲法の日（12月6日）
⑩ Inmaculada Concepción　無原罪のお宿りの日（12月8日）
⑪ Navidad　クリスマス（12月25日）

①〜⑪がスペイン全国共通の祭日です。

　Día de la Independencia　独立記念日
　Carnaval　謝肉祭
　Domingo de Romas　枝の主日（復活祭前の日曜日）
　Semana Santa　聖週間（復活祭前の１週間）
　Pascua de Resurrección　復活祭（春分後の満月の後の最初の日曜日）
　Día de Difuntos　死者の日（11月2日）
　Noche Buena　クリスマスイブ
　Noche Vieja　大晦日

イラスト辞書

- pescado 魚
- anguila ウナギ
- arenque ニシン
- bacalao タラ
- atún マグロ
- besugo タイ
- chicharro / jurel アジ
- bonito カツオ
- rodaballo カレイ
- trucha マス
- quimono 着物
- sardina イワシ
- lubina スズキ
- sake 酒、日本酒
- cebolleta / puerro ネギ
- bardana ゴボウ
- espinaca ホウレンソウ
- tempura 天ぷら
- tofu 豆腐
- sushi 寿司
- sashimi 刺身
- salsa de soja 醤油
- tazón de madera 椀
- tazón 茶碗
- palillos 箸
- batata サツマイモ
- toallita おしぼり
- taza para el té japonés 湯呑み

Japón y su cultura 日本と文化

Gramática

接続法過去

接続法過去の活用には -ra 形と -se 形があります。-se 形は -ra 形の活用の ra の箇所が se になります。巻末の動詞活用表には -ra 形を記載しています。

接続法とは話し手の気持ち（主観、感情、価値判断など）を表現する方法ですので、時制には直説法ほど明確に時間的な意味があるわけではありません。時間的な枠組みは主動詞の時制に依存しています。

❶従属節：接続法が使われる構文（Unidad 3 を参照）で主動詞が過去の時、従属節の動詞は時制が一致します。

Juan quería que Ud. viniera aquí.　フアンはあなたがここに来ることを望んでいました。
No creí que llegara tan tarde.　彼がそれほど遅く着くとは思いませんでした。

❷婉曲表現：法助動詞の querer、deber とともに用いる「丁寧な表現」の一つです。-ra 形だけが用いられます。

Quisiera visitar su oficina.　あなたの事務所を訪問したいのですが。
Debieras haberlo dicho.　君はそう言うべきだったのですが。

❸願望文：願望の実現性が低く、非現実の意味が強くなります。

¡Ojalá me regalaras un reloj!　どうか時計をプレゼントしてくれますように。

❹非現実的条件文：非現実的な仮定を「もし〜したら」と述べる条件節に用いられます。

①現在または未来の事実に反する条件を表します。

Si + 接続法過去（条件節），直説法過去未来（帰結節）

条件節に接続法過 -ra 形または -se 形が用いられ、帰結節には直説法過去未来が使われます。

Si yo tuviera tiempo, le ayudaría.　もし（今）時間があったら、あなたを手伝うのに。

②過去の事実に反する条件を表します。

Si + 接続法過去完了（条件節），直説法過去未来完了 / 接続法過去完了 -ra 形（帰結節）

条件節に接続法過去完了 -ra 形、または -se 形が用いられ、帰結節には直説法過去未来完了が使われます。帰結節には接続法過去完了 -ra 形を用いることもできます。

Si hubiera tenido tiempo, le habría / hubiera ayudado.
もし（その時）時間があったなら、あなたを手伝ったのに。

応用編

Unidad 6

Track 52-60

El cine de los países hispanohablantes
スペイン語圏の映画

1. **Ver películas** — 映画を見る

2. **El cine español** — スペイン映画

3. **El cine latinoamericano** — ラテンアメリカの映画

1 Ver películas ······ 映画を見る　　Track 52

Parte 1 アヤは映画館で映画を見たいと思っています。まずはCDを聴いてみましょう。

> ¿Dónde ponen películas aquí cerca?

> Por ejemplo, en el Cine Gran Vía en la Gran Vía. ¿Quieres ver alguna película?

Aya pregunta a un amigo dónde puede ver películas.

> Sí, para estudiar el idioma. Y también me interesa mucho el cine. ¿Cuánto cuesta una entrada en España?

> Generalmente, unos 5 euros. Pero hoy es el Día del espectador y puedes comprar la entrada con descuento.

> ¡Qué barata! En Japón, pagamos el doble o triple de ese precio.

Aya pregunta el precio de una entrada de cine.

重要表現を覚えましょう。
キーセンテンス

◇ ¿Dónde ponen películas?
　どこで映画が上映されていますか？

● Por ejemplo, en la Gran Vía.
　たとえばグランビア通りです。

◇ para estudiar el idioma
　語学を勉強するために

◇ Me interesa el cine.
　映画に興味があります。

◇ ¿Cuánto cuesta una entrada?
　入場料はいくらですか？

◇ ¡Qué barato / caro!
　それは安い / 高い！

● Hay tres sesiones al día.
　1日に3回上映があります。

Unidad 6 — 1 — Track 52

> ¿Sabes el horario de sesiones?

> Bueno, no lo sé. Normalmente hay tres sesiones al día. Consulta en la Guía del Ocio, donde salen las informaciones de cine, teatro y concierto.

Aya pregunta el horario de sesiones.

> ¿Las películas extranjeras tienen subtítulos en español?

> Sí, pero muy pocas. En España casi todas están dobladas al español.

Aya pregunta sobre el subtítulo.

- Consulta en la Guía del Ocio.
  エンターテインメント情報誌を調べてみなさい。
- Tienen subtítulos en español.
  スペイン語の字幕が付いています。
- Están dobladas al español.
  スペイン語に吹き替えてあります。

El cine de los países hispanohablantes スペイン語圏の活画

1 Ver películas

Track 53

Parte 2 今度はアヤになって、映画館や映画について話すことにしましょう。

> Por ejemplo, en el Cine Gran Vía en la Gran Vía. ¿Quieres ver alguna película?

Aya pregunta a un amigo dónde puede ver películas.

> Generalmente, unos 5 euros. Pero hoy es el Día del espectador y puedes comprar la entrada con descuento.

Aya pregunta el precio de una entrada de cine.

応用表現

映画を見る際に役立つ表現を覚えましょう。

Track 54

- Ahora están poniendo / dando esta película.
  この映画が今上映中です。

◇ ¿Qué película es popular ahora?
今人気のある映画は何ですか？

◇ ¿Qué películas ponen hoy?
今日は何を上映していますか？

◇ ¿Podrías decirme el horario de sesiones?
上映時間を教えてもらえませんか？

◇ Vamos a la sesión de las diez de la noche.
夜10時の回を見に行こう。

Unidad 6 — 1 — Track 53

> Bueno, no lo sé. Normalmente hay tres sesiones al día. Consulta en la Guía del Ocio, donde salen las informaciones de cine, teatro y concierto.

Aya pregunta el horario de sesiones.

> Sí, pero muy pocas. En España casi todas están dobladas al español.

Aya pregunta sobre el subtítulo.

◇ ¿Quién es el protagonista / el director?
主役 / 監督は誰ですか？

◇ ¿En qué idioma está la película?
この映画は何語ですか？

◇ ¿Cuánto tiempo dura esta película?
上映時間は何時間ですか？

● ¿Qué localidades quiere Ud.?
どの座席がよろしいですか？

◇ Las centrales, por favor.
中央の席をお願いします。

El cine de los países hispanohablantes　スペイン語圏の映画

1

映画を見る

(イラスト1)　アヤは友人にどこで映画が見られるのかを尋ねます。
　　アヤ　：　このあたりで映画が見られるところはどこかしら？
　　友人　：　たとえばグランビア通りにあるグランビア映画館だよ。映画を見たいのかい？

(イラスト2)　アヤは映画館の入場料を尋ねます。
　　アヤ　：　ええ、スペイン語の勉強のためにね。それに映画にとても興味があるの。スペインでは映画はいくらで見られるの？
　　友人　：　普通は5ユーロくらいだね。でも今日は「観客の日」だから安く見られるよ。
　　アヤ　：　安いのね！日本の入場料はその2〜3倍はするわ。

(イラスト3)　アヤは上映時間について尋ねます。
　　アヤ　：　上映時間を知ってる？
　　友人　：　いや、知らないな。普通は1日に3回上映があるよ。エンターテインメント情報誌を見てごらん。映画や演劇、コンサートの情報が載っているから。

(イラスト4)　アヤは字幕について尋ねます。
　　アヤ　：　外国映画はスペイン語字幕が付いているの？
　　友人　：　うん。でもほとんど付いていないよ。スペインではほとんどの外国語映画が吹き替えだよ。

Pausa 少し休憩

エンターテインメント情報

　映画、演劇、コンサート、展覧会などスペインを楽しむ方法はさまざまです。そうしたエンターテインメントに関する情報を得たいときはGuía del Ocioという情報誌が便利です。本屋やキオスクで販売されています。

　今ではインターネットでもその内容が閲覧できますから、旅行前の予習としてスペインで人気のイベントや映画を調べてみるのもいいですね。日本にいながらスペインの流行を知ることもできるでしょう。

Guía del Ocio
URL http://www.guiadelocio.com/

ボキャブラリー

- cine　映画館 / 映画（ジャンル）
- película　映画（作品）
- taquilla　切符売り場
- entrada　入場料
- billete de venta anticipada　前売り券
- sesión　上映
- poner / dar　上映する
- versión original (V.O.)　オリジナル版、字幕付き
- con subtítulo　字幕付き
- doblaje　吹き替え
- película doblada　吹き替え映画
- pantalla　スクリーン
- Día del espectador　観客の日
- Guía del Ocio　エンターテインメント情報誌
- con descuento　割引で
- descuento para estudiantes　学割
- descuento para mayores / menores de ... anõs　…歳以上 / 以下の方への割引

2 El cine español …… スペイン映画　　Track 55

Parte 1 スペイン映画について話します。まずは CD を聴いてみましょう。

> Hoy he visto la última película de Almodóvar.

> Y ¿te gustó?

> Sí, era genial. Me gustan mucho sus últimas obras como "Volver" y "Todo sobre mi madre". Este director es conocido aun en Japón.

Aya habla con un amigo sobre una película que ha visto.

> En España, hay muchos cineastas buenos, ¿verdad?

> Sí. Por ejemplo, Carlos Saura es muy conocido por sus películas de temas musicales. Fernando Trueba y Alejandro Amenábar, también, son de amplio prestigio internacional.

Aya pregunta sobre los directores españoles.

🔑 重要表現を覚えましょう。
キーセンテンス

◇ Este director es famoso / conocido.
この監督は有名です。

● de amplio / gran prestigio
評判が高い

◇ Actualmente, ¿qué tipo de cine es popular?
現在はどんな映画が人気ですか？

● Aunque hay buenas películas en el cine español, la gente ve muchas películas extranjeras.
スペイン映画にも良い作品があるけれども、外国映画が人気です。

Unidad 6 — 2 Track 55

> Actualmente, ¿qué tipo de cine es popular en este país?

> Aunque hay buenas películas en el cine español, la gente ve muchas películas extranjeras, sobre todo estadounidenses.

Aya pregunta sobre las películas populares en España.

> He oído hablar de los premios Goya. Es un premio importante en España, ¿verdad?

> Exactamente. Es uno de los premios más honorables del país. Galardonan cada año a excelentes películas, directores, actores, música, vestuario, etc.

Aya pregunta sobre los premios de cine.

- las películas extranjeras, sobre todo estadounidenses
  外国映画、とりわけアメリカ映画

◇ He oído hablar de los premios Goya.
  ゴヤ賞について聞いたことがあります。

- Exactamente.
  そのとおりです。

- Es uno de los más honorables.
  最も名誉あるもののうちの１つです。

El cine de los países hispanohablantes　スペイン語圏の映画

2 El cine español   Track 56

Parte 2 今度はアヤになって、スペイン映画について話しましょう。

Y ¿te gustó?

Aya habla con un amigo sobre una película que ha visto.

Sí. Por ejemplo, Carlos Saura es muy conocido por sus películas de temas musicales. Fernando Trueba y Alejandro Amenábar, también, son de amplio prestigio internacional.

Aya pregunta sobre los directores españoles.

相手に意見を促す際などに役立つ表現を覚えましょう。

応用表現

Track 57

◇ Enséñame algo sobre el cine español.
スペイン映画について少し教えてください。

◇ Dicen que hay muchas buenas películas en el cine español, ¿verdad?
スペイン映画には良い作品が多いと言われていますよね。

◇ ¿Crees que hay muchos cineastas buenos en este país?
この国にはいい映画人がたくさんいると思いますか？

Unidad 6 2 Track 56

> Aunque hay buenas películas en el cine español, la gente ve muchas películas extranjeras, sobre todo estadounidenses.

Aya pregunta sobre las películas populares en España.

> Exactamente. Es uno de los premios más honorables del país. Galardonan cada año a excelentes películas, directores, actores, música, vestuario, etc.

Aya pregunta sobre los premios de cine.

◇ ¿Qué opinión tienes sobre el cine japonés?
日本映画についてどのような意見をお持ちですか？

◇ ¿Me das tu opinión sobre esta película?
この映画についてご意見をいただけますか？

◇ ¿Cómo ves su opinión?
彼の意見をどう見ますか？

◇ ¿Qué te parece esta obra?
この作品についてはどう思いますか？

◇ ¿Qué opinas / piensas?
どんな意見ですか？／どう考えますか？

◇ ¿Es verdad que Almodóvar es conocido aun en Japón?
アルモドバルが日本でも有名だというのは本当ですか？

◇ ¿Te gusta ver películas?
映画を見ることは好きですか？

El cine de los países hispanohablantes　スペイン語圏の映画

2

スペイン映画

(イラスト1) アヤが見てきた映画について友人と話しています。
アヤ　：　今日アルモドバルの最新作を見てきたわ。
友人　：　面白かった？
アヤ　：　ええ、すばらしかったわ。『ボルベール』や『オール・アバウト・マイ・マザー』などアルモドバルの最近の映画が好きなの。彼は日本でも人気があるのよ。

(イラスト2) アヤはスペイン人の監督について尋ねます。
アヤ　：　スペインにはすばらしい監督が多くいるのでしょう？
友人　：　そうだね。例えばカルロス・サウラは音楽をテーマにした作品で有名だし、フェルナンド・トルエバやアレハンドロ・アメナバルなども国際的に広く評価されているよ。

(イラスト3) アヤは現在スペインで人気の映画について尋ねます。
アヤ　：　現在、スペインではどんな映画が人気なの？
友人　：　スペイン映画にも良い作品があるのだけれど、外国映画、特にアメリカ映画が人気だね。

(イラスト4) アヤはスペインの映画の賞について尋ねます。
アヤ　：　ゴヤ賞という名を聞いたことがあるわ。スペインでは重要な賞なのでしょうね？
友人　：　そうだよ。ゴヤ賞はスペインでも名誉ある賞の1つだよ。年に1回、優れた作品や監督、俳優、音響や衣装に賞が与えられるよ。

Pausa 少し休憩

スペイン映画

　スペイン映画の歴史は古く、19世紀末にはスペイン最初の映画が生まれたと言われています。1930年代からは内戦に入り、フランコ政権下では芸術に対する検閲が厳しく、自由に映画が撮影できない時代もありました。しかし、そんな中でもルイス・ブニュエルなど多くの優れた映画人が生まれました。

　現在、数多くのスペインの作品や監督、俳優が世界的な評価を受けています。『ベル・エポック（Belle époque）』（1993）、『オール・アバウト・マイ・マザー（Todo sobre mi madre）』（1999）、『海を飛ぶ夢（Mar adentro）』（2004）といった作品はアカデミー外国語映画賞を受賞しています。

　日本で公開されるスペイン映画はまだ多くはありませんが、気に入った映画のDVDを手に入れ、スペイン語の勉強がてら聞き取りの練習をしてみてください。

ボキャブラリー

cineasta　映画人
cinematografía　映画技術
director　監督
productor　プロデューサー
actor　俳優
actriz　女優
protagonista　主役
actor secundario / actriz secundaria　脇役
música　音楽、音響
vestuario　衣装
guión　台本

documental　ドキュメンタリー
animación / dibujos animados　アニメ
cortometraje　短編映画
largometraje　長編映画
ficción　フィクション
festival de cine　映画祭
premio　賞
galardonar　賞を与える
recaudación　興行収入

3 El cine latinoamericano ……ラテンアメリカの映画　Track 58

Parte 1 アヤは友人とラテンアメリカの映画について話しています。まずは CD を聴いてみましょう。

No conozco bien el cine latinoamericano. ¿Qué países producen buenas películas en Latinoamérica?

Muchos países realizan películas de buena calidad como Argentina, Cuba, México y Uruguay. Aunque no es país hispanohablante, en Brasil, también, hay una industria cinematográfica desarrollada.

Aya pregunta a un amigo sobre el cine latinoamericano.

¿De qué temas tratan?

Hay varios tipos. Algunas tratan de su historia, y otras de problemas actuales a los que se enfrentan estos países. Y, también, hay algunas películas basadas en obras literarias.

Aya pregunta sobre los temas tratados en el cine latinoamericano.

重要表現を覚えましょう。 キーセンテンス

◇ No conozco bien el cine latinoamericano.
ラテンアメリカ映画をよく知りません。

● de buena / mala calidad
質が高い / 低い

◇ ¿De qué temas tratan?
どんなテーマを扱っていますか？

● Algunas tratan de su historia, y otras de problemas actuales.
歴史を扱っているものもあれば、現在の問題を扱っているものもあります。

● Está basado / basada en una obra literaria.
ある文学作品に基づいています。

◇ ¿Verdad? = ¿Es cierto?
〜ですよね？（付加疑問文）

Unidad 6 — 3 — Track 58

- Ah, he visto una película basada en una novela de García Márquez.
- ¿Ah, sí? Algunos escritores latinoamericanos como Jorge Luis Borges y Manuel Puig, han servido como fuente de inspiración para los cineastas.

Aya comenta una película latinoamericana que ha visto.

- Pero, ¿por qué no son muy conocidas las obras latinoamericanas? Producen buenas películas, ¿verdad?
- Ante todo, hay que mencionar el problema económico, pues es muy costoso realizar películas comerciales. Creo que el gobierno y las empresas deben dar más ayuda económica a las actividades artísticas.

Aya pregunta sobre los problemas del cine latinoamericano.

- Ante todo, hay que mencionar el problema económico.
  まず第一に経済的な問題を挙げなければなりません。
- El gobierno debe dar más ayuda.
  政府はもっと援助しなければなりません。

3 El cine latinoamericano

Track 59

Parte 2 今度はアヤになって、ラテンアメリカの映画について話しましょう。

> Muchos países realizan películas de buena calidad como Argentina, Cuba, México y Uruguay. Aunque no es país hispanohablante, en Brasil, también, hay una industria cinematográfica desarrollada.

Aya pregunta a un amigo sobre el cine latinoamericano.

> Hay varios tipos. Algunas tratan de su historia, y otras de problemas actuales a los que se enfrentan estos países. Y, también, hay algunas películas basadas en obras literarias.

Aya pregunta sobre los temas tratados en el cine latinoamericano.

相づちをする際に役立つ表現を覚えましょう。

応用表現

Track 60

◇ Tienes razón. = Estoy de acuerdo.
なるほど。そのとおりですね。

◇ ¿De verdad?
本当ですか？

◇ Espero que sí.
そうだといいですね。

◇ Claro que sí / no.
もちろんそうです / ちがいます。

◇ Sin duda.
間違いありません。

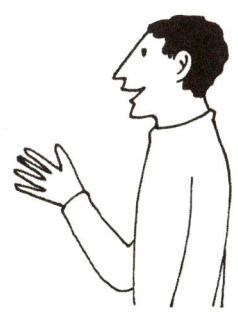

> ¿Ah, sí? Algunos escritores latinoamericanos como Jorge Luis Borges y Manuel Puig, han servido como fuente de inspiración para los cineastas.

Aya comenta una película latinoamericana que ha visto.

> Ante todo, hay que mencionar el problema económico, pues es muy costoso realizar películas comerciales. Creo que el gobierno y las empresas deben dar más ayuda económica a las actividades artísticas.

Aya pregunta sobre los problemas del cine latinoamericano.

◇ No lo sé.
　知りません。

◇ No tengo ni idea.
　私にはまったくわかりません。

◇ Increíble.
　信じられない。

◇ ¡Muy bien! / ¡Estupendo!
　すばらしい！

◇ ¡Qué interesante!
　面白いですね！

3 ラテンアメリカの映画

(イラスト1) **アヤはラテンアメリカ映画について友人に尋ねます。**
アヤ ： 私はラテンアメリカの映画についてよく知らないの。どの国で良い映画が作られているの？
友人 ： アルゼンチン、キューバ、メキシコ、ウルグアイをはじめ多くの国で良い映画が作られているよ。スペイン語圏ではないけれど、ブラジルも映画産業が盛んだよ。

(イラスト2) **ラテンアメリカ映画で扱われているテーマについて尋ねます。**
アヤ ： どんなテーマを扱っているの？
友人 ： いろいろあるよ。歴史を扱った作品や現在のラテンアメリカが抱える問題を扱った作品などがあるよ。文学作品に基づいたものもあるね。

(イラスト3) **アヤは以前見たことのあるラテンアメリカ映画について話します。**
アヤ ： そういえばガルシア・マルケス原作の映画を見たことがあるわ。
友人 ： そうなんだね。ホルヘ・ルイス・ボルヘスやマヌエル・プイグのようにラテンアメリカの作家たちは映画人にインスピレーションを与えてきたんだよ。

(イラスト4) **アヤはラテンアメリカ映画の問題点について尋ねます。**
アヤ ： でも、良い映画を作りながら、なぜラテンアメリカ映画はあまり知られていないの？
友人 ： まず、経済的な問題が挙げられるね。商業映画を制作するには費用がかかるからね。政府や企業などが芸術活動にもっと経済的援助をしてあげるべきだと思うよ。

Pausa 少し休憩

ラテンアメリカ映画

　ラテンアメリカ映画は日本ではあまり知られていないかもしれませんが、多くの優れた作品、俳優を輩出しています。しかし映画を制作するには莫大な予算がかかるので、ヨーロッパなど外国との合作映画が多いのが現状です。

　スペイン語はもともとグローバルな言語ですし、現在アメリカ合衆国でもスペイン語が公用語になりつつあります。そのため、英語をマスターし、ハリウッドなど世界で活躍するスペイン語圏の俳優が増えてきています。映画の中では英語を使っていても、実はスペイン語を母語としている俳優も多くいます。この点に関しては俳優だけでなく、歌手に関しても同じことが言え、英語とスペイン語の両言語で活躍している歌手も数多くいます。

ボキャブラリー

hispanohablante　スペイン語圏の
producir　制作する、生産する
obra　作品
industria　産業
desarrollado　発展した
económico　経済的な
comercial　商業的な
artístico　芸術的な
enfrentarse a ...　…に向き合う
ayuda　援助

tema　テーマ
gobierno　政府
empresa　企業
historia　歴史
literatura　文学
escritor　作家
video　ビデオ
DVD　DVD
videoclub　ビデオレンタルショップ

Gramática

直説法点過去・線過去

スペイン語には**点過去**、**線過去**という2つの**過去形**があります。まずは点過去の例文から見てみましょう。

点過去

¿Qué comió Ud. anoche? — Comí paella.
昨晩何を食べましたか？　　　　　　パエリアを食べました。

¿A qué hora te levantaste ayer? — Me levanté a las seis.
昨日何時に起きましたか？　　　　　6時に起きました。

Hace tres días me visitó Pablo.　3日前パブロが訪ねて来ました。

以上のように、**過去において終了した行為の状態**を表す際には**点過去**を用います。

線過去

❶過去の継続的な行為・出来事

Cuando me visitó Pablo, yo veía una película.
パブロが訪れてきたとき、私は映画を見ていました。

「パブロが訪れてきた」の部分が点過去なのに対し、「私は映画を見ていた」の部分が線過去になっているのは、「パブロが訪れてきた」前後、「映画を見る行為」が継続して行われていたことを表します。

❷過去の習慣的行為

以下の2つの文章を比較してみましょう。

例1：El sábado pasado fuimos al cine.
例2：Los sábados íbamos al cine.

文頭の el sábado pasado（先週の土曜日）、los sábados（毎週土曜日）がキーワードとなり、例1では点過去、例2では線過去が使われています。例1では「先週私たちは映画に行きました」という一度きり起きた単純な過去の行為を表しているのに対し、例2では「（一度きりではなく）毎週土曜日映画に行ったものです」という繰り返し行われた習慣的行為を表しています。

❸時制の一致

次の例を見てみましょう。

Ricardo me <u>dice</u> que <u>tiene</u> hambre.　リカルドはお腹が空いていると私に言います。

この文章の dice を過去時制に変えてみるとどうなるでしょうか。英語と同じようにスペイン語でも主節が過去時制になると従属節は時制の一致を受け、過去時制になります。この場合、従属節には線過去を用います。ですから上の文章を過去時制にするとつぎのようになります。

Ricardo me <u>dijo</u> que <u>tenía</u> hambre.　リカルドはお腹が空いたと私に言いました。

❹婉曲表現

Unidad 2 の文法でも紹介した、丁寧さを表す表現です。

¿Que <u>deseaba</u>? — Quiero un café.
何にいたしましょうか？　コーヒーをください。

<u>Quería</u> pedirle un favor.　お願いがあるのですが。

丁寧な表現で使う線過去は慣用句として覚えるといいでしょう。

イラスト辞書

Cine　映画館

cine　映画館

- salida de emergencia　非常口
- estrella de cine　映画スター
- altavoz　スピーカー
- pantalla　スクリーン
- cortina　カーテン
- espectador / espectadora　観客
- pasillo　通路
- localidad / asiento　座席
- cartel　ポスター
- palomitas　ポップコーン
- zumo / jugo（中南米）　ジュース
- café　コーヒー
- folleto　パンフレット
- taquilla　切符売り場

応用編

Unidad 7

Track 61-69

España スペイン

1. **País multilingüe** 多言語国家
2. **Cocina española** スペイン料理
3. **Arquitectura de Gaudí** ガウディの建築

1 País multilingüe …… 多言語国家　　Track 61

Parte 1　アヤと友人はスペインの言語状況について話します。まずはCDを聴いてみましょう。

> He visitado Barcelona esta semana. No imaginaba que se hablaría tanto catalán.

> Sí, sí, allí se habla catalán.

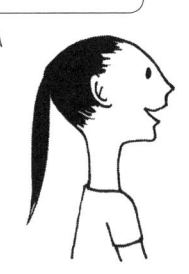

Aya habla con una amiga sobre el catalán.

> Y hay letreros que están escritos sólo en catalán. ¿Todos entienden catalán?

> Pues, ahora hay muchos inmigrantes que no saben nada de catalán. Por eso, en Cataluña, se obliga enseñarles a los niños en catalán.

Aya pregunta si todos saben leer el catalán en Cataluña.

重要表現を覚えましょう。
キーセンテンス

◇ No imaginaba que se hablaría tanto catalán.
あれほどカタルーニャ語が話されているだろうとは思っていませんでした。

◇ ¿Todos entienden catalán?
すべての人がカタルーニャ語を読めるのですか？

● En Cataluña se obliga enseñar en catalán.
カタルーニャではカタルーニャ語で教えることが義務付けられています。

◇ ¡Vaya!
すごいですね。

Unidad 7 ① Track 61

¡Vaya! ¿Eso quiere decir que les dan clases sólo en catalán?

Sí, por supuesto, y el castellano es una de las asignaturas.

Aya se sorprende.

¡No me lo puedo creer! Pero ahora entiendo por qué los catalanes no hablan tanto castellano como catalán.

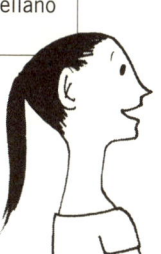

Ya sabes que España es un país multilingüe.

Aya entiende la situación ligüística en Cataluña.

◇ ¿Eso quiere decir que les dan clases sólo en catalán?
それは彼らにカタルーニャ語だけで授業をするという意味ですか？

● El castellano es una de las asignaturas.
カスティーリャ語は教科の一つです。

◇ ¡No me lo puedo creer!
信じられないです！

● Ya sabes.
もうわかりましたね。

● España es un país multilingüe.
スペインは多言語国家なのです。

España スペイン

149

1 País multilingüe

Track 62

Parte 2 アヤになってスペインの言語状況について話してみましょう。

> Sí, sí, allí se habla catalán.

Aya habla con una amiga sobre el catalán.

> Pues, ahora hay muchos inmigrantes que no saben nada de catalán. Por eso, en Cataluña, se obliga enseñarles a los niños en catalán.

Aya pregunta si todos saben leer el catalán en Cataluña.

応用表現

スペインの言語について話す際に役立つ表現を覚えましょう。

Track 63

◇ No era así como me lo imaginaba.
私が思っていたのはこうではありませんでした。

◇ ¿La gente no sabe leer ni escribir en catalán?
人々はカタルーニャ語で読み書きができないのですか？

● Se enseña en catalán / vasco / gallego.
カタルーニャ語 / バスク語 / ガリシア語で教えられます。

Unidad 7 — 1 Track 62

> Sí, por supuesto, y el castellano es una de las asignaturas.

Aya se sorprende.

> Ya sabes que España es un país multilingüe.

Aya entiende la situación ligüística en Cataluña.

◇ ¿Eso significa que el castellano se habla poco?
それは、カスティーリャ語は少ししか話されないという意味ですか？

● El castellano es una de las lenguas oficiales.
カスティーリャ語は公用語の1つです。

◇ ¡Es increíble!
信じられないです。

◇ ¿Estás conforme con esta política?
この政策に賛成ですか？

● Es una política lingüística.
1つの言語政策です。

España スペイン

1 多言語国家

(イラスト1) アヤは友人とカタルーニャ語について話します。
アヤ ： 私は今週バルセロナを訪れたのよ。あれほどカタルーニャ語が話されているだろうとは思っていなかったわ。
友人 ： ええ、そう、向こうではカタルーニャ語が話されているのよ。

(イラスト2) アヤはカタルーニャではすべての人がカタルーニャ語を読めるのかと尋ねます。
アヤ ： それにカタルーニャ語だけで書かれている看板もあるわね。皆がカタルーニャ語を読めるの？
友人 ： えーと、今はカタルーニャ語を全然知らない移民が多くいるわね。だから、カタルーニャではカタルーニャ語で児童に教えることが義務付けられているの。

(イラスト3) アヤは驚きます。
アヤ ： すごいわね。それは彼らにカタルーニャ語だけで授業をするってことなの？
友人 ： もちろんそうよ、そしてカスティーリャ語は教科の1つなの。

(イラスト4) アヤはカタルーニャの言語状況を理解します。
アヤ ： 信じられないわ！でも、なぜカタルーニャ人がカスティーリャ語をカタルーニャ語ほど話さないのか今なら理解できるわ。
友人 ： もう、スペインが多言語国家だということがわかったわね。

▲ sortida（出口）カタルーニャ語

▲ 上半分はカタルーニャ語 下はカスティーリャ語

Pausa 少し休憩

スペインの言語

　スペインはスペイン語を公用語としていますが、地域によって他の言語も公用語として使用しています。一般に私たちがスペイン語（español）と呼んでいる言語は、カスティーリャ語（castellano）とも呼ばれます。このカスティーリャ語は、イベリア半島中央部にあるカスティーリャ地方固有の言語であると同時に、スペイン全国でも話されている公用語です。しかし、カタルーニャ、バスク、ガリシア地方などは、それぞれの地域固有の言語も併用しています。これらの二言語併用地域では、地域固有言語による教育が普及してきています。

▶ バスク地方ゲルニカ市

ボキャブラリー

español　スペイン語
castellano　カスティーリャ語、スペイン語
catalán　カタルーニャ語
vasco　バスク語
gallego　ガリシア語
valenciano　バレンシア語
lengua　言語
lengua oficial　公用語
lengua estándar　標準語
lengua materna　母語
lengua extranjera　外国語

dialecto　方言
bilingüe　2言語の、2言語を話す
trilingüe　3言語の、3言語を話す
multilingüe　多言語の、多言語を話す
enseñanza primaria　初等教育
enseñanza media (secundaria)　中等教育
enseñanza obligatoria　義務教育

2 Cocina española ...... スペイン料理　Track 64

Parte 1　アヤは友人とスペイン料理について話しています。まずは CD を聴いてみましょう。

> Aya, ¿qué piensas de la cocina española?

> Me parece que la dieta mediterránea, en general, es muy saludable, pero a veces pienso que usáis demasiado aceite de oliva.

Una amiga pregunta a Aya sobre la cocina española.

> ¿Te parece?

> Sí, mira, por ejemplo, cuando hacéis tortilla española echáis mucho aceite para freír patatas. Para mí, es demasiado.

Aya dice que se usa mucho aceite de oliva.

重要表現を覚えましょう。
キーセンテンス

- ●¿Qué piensas de la cocina española?
  スペイン料理についてどう思いますか？

- ◇Pienso que usáis demasiado aceite de oliva.
  オリーブ油を使いすぎると思います。

- ●¿Te parece?
  そう思いますか？

- ◇Cuando hacéis tortilla española echáis mucho aceite.
  スペイン風オムレツを作る時に油をたくさん使います。

- ●El aceite de oliva tiene abundante ácido oleico.
  オリーブ油はオレイン酸が豊富です。

- ◇Tienes razón.
  正しいです。

Unidad 7 ❷ Track 64

> Bueno, pues, como tú dices, la dieta mediterránea es saludable. Es porque el aceite de oliva tiene abundante ácido oleico, ¿lo sabías?

> Sí, tienes razón. Aun así, pienso que eso siempre depende de la cantidad y calidad de aceite.

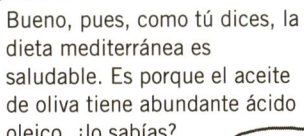

La amiga se refiere al ácido oleico.

> Aya, hoy en día la gente es consciente de la salud y usa menos aceite y, además, de muy buena calidad.

> Coincido con lo que dices de la gente de hoy. Veo que la cocina española está cambiando.

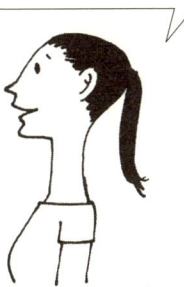

La amiga dice que hoy en día la gente es consciente de la salud.

◇ Pienso que eso siempre depende de la cantidad y calidad de aceite.
それは常に油の量と質によると思います。

● La gente es consciente de la salud.
人々は健康を意識しています。

◇ Coincido con lo que dices de la gente de hoy.
今の人たちについての意見には同意します。

◇ Veo que la cocina española está cambiando.
スペイン料理は変わりつつあることがわかります。

España スペイン

2 Cocina española Track 65

Parte 2 アヤになってスペイン料理について話してみましょう。

Aya, ¿qué piensas de la cocina española?

Una amiga pregunta a Aya sobre la cocina española.

¿Te parece?

Aya dice que se usa mucho aceite de oliva.

食生活について話す際に役立つ表現を覚えましょう。
応用表現

Track 66

- ¿Qué piensas sobre la dieta española?
  スペインの（日常の）食事についてどう思いますか？
- ◇ Creo que tiene mucha cantidad.
  量が多いと思います。
- ¿Estás a favor de estar a régimen?
  ダイエットをすることに賛成ですか？
- ◇ Soy partidario / partidaria de esa idea.
  私はその考えに賛成です / 考えを支持します。
- ◇ Estoy en contra de eso.
  私はそれに反対です。

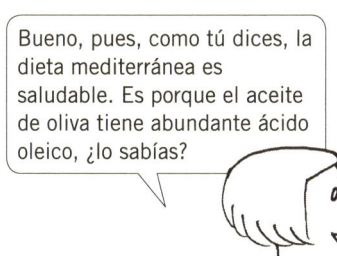

Unidad 7　2　Track 65

Bueno, pues, como tú dices, la dieta mediterránea es saludable. Es porque el aceite de oliva tiene abundante ácido oleico, ¿lo sabías?

La amiga se refiere al ácido oleico.

Aya, hoy en día la gente es consciente de la salud y usa menos aceite y, además, de muy buena calidad.

La amiga dice que hoy en día la gente es consciente de la salud.

- ¿Lo crees?
  そう思っているのですか？
- ¡Claro que sí!
  もちろん、そうです。
- ¿Qué opinas de hacer ejercicio para no engordar?
  太らないために運動をすることについてはどう思いますか？
- Estoy de acuerdo contigo en que es mejor hacer más ejercicio.
  もっと運動をするのがいいという点は同意見です。
- Total, (que) estamos diciendo lo mismo.
  結局、私たちは同じことを言っているのです。

España スペイン

2 スペイン料理

(イラスト1) アヤの友人がアヤにスペイン料理について尋ねます。
友人 ： アヤ、スペイン料理についてどう思う？
アヤ ： 私は、一般に地中海料理はとても健康にいいと思うわ。だけど、時々オリーブ油を使いすぎていると思う時があるわ。

(イラスト2) アヤはオリーブ油が多く使われていると言います。
友人 ： そう思うの？
アヤ ： ええ、ほら、例えば、スペイン風オムレツを作る時も、ジャガイモをいためるのにたくさんオリーブ油を使うでしょう。私には多すぎるわ。

(イラスト3) 友人はオレイン酸のことを言います。
友人 ： えーと、そう、あなたが言うように地中海料理は健康にいいのよ。それはオリーブ油にオレイン酸が豊富にあるからよ。知っていた？
アヤ ： ええ、その通りね。そうだとしても、それは常に油の量と質によるわね。

(イラスト4) 友人は、今日では、人々は健康のことを意識していると言います。
友人 ： アヤ、今日では、人々は健康のことを意識していて、油を減らしつつ、しかも品質の良い物を使っているのよ。
アヤ ： 今の人たちについての意見には同意するわ。スペイン料理も（時代に合わせて）変わってきているのね。

▼ピンチョモルーノ

▲魚のムニエル

Pausa 少し休憩

スペイン料理

　スペイン料理は地中海食文化圏に属しています。ですから、オリーブの実、オリーブ油、ワインなどギリシャやイタリアといった地中海沿岸諸国と共通の食材も多く使いますが、その料理法や食文化は、スペインという国が経てきた複雑な歴史や地理的な条件を反映して、多様性に富んでいます。地方ごとに異なる気候、風土、産物などが個性のある料理を生み出してきました。例えば、パエリャは代表的なスペイン料理と多くの日本人は思っていますが、もとは米の生産地であるバレンシア地方の郷土料理です。バレンシア、ガリシア、アンダルシアなどスペインの様々な地方を旅して、それぞれの地方の名物料理を食べ歩いてみるというのも楽しいでしょう。

▲パエリャ

▼イワシの酢漬け

ボキャブラリー

aceituna　オリーブの実
aceite de oliva　オリーブ油
jamón serrano　生ハム
jamón ibérico　イベリコ豚の生ハム
tocino　豚の脂身の塩漬け
chorizo　チョリソ
morcilla　（血やスパイス入りの黒い）腸詰め
tapas / pinchos　おつまみ
tortilla　スペイン風ジャガイモのオムレツ

cocido　煮込み料理
paella　パエリャ
vino de casa　ハウスワイン
vino de mesa　テーブルワイン
vino tinto / vino blanco / vino rosado
赤 / 白 / ロゼワイン
cava　カバ、発泡ワイン
jerez　シェリー酒
sangría　サングリア

3 Arquitectura de Gaudí ······ ガウディの建築　Track 67

Parte 1　アヤは友人にサグラダファミリアについて話しています。まずは CD を聴いてみましょう。

¡Hola, Aya! ¿Dónde te habías metido?

He estado en Barcelona. Desde hace mucho tiempo tenía ganas de ver la Sagrada Familia.

Aya se encuentra con una amiga.

¿Qué impresión has sacado de la Sagrada Familia?

Me sentí abrumada por su historia y belleza.

Aya habla de la impresión de la Sagrada Familia.

🔑 重要表現を覚えましょう。
キーセンテンス

- ¿Dónde te habías metido?
  どこに行ってたのですか？

◇ Desde hace mucho tiempo (que) tenía ganas de ver la Sagrada Familia.
  だいぶ前からサグラダファミリアを見たかったのです。

- ¿Qué impresión has sacado?
  どんな印象を受けましたか？

◇ Me sentí abrumado / abrumada por su historia y belleza.
  その歴史と美しさに圧倒されました。

- Porque siempre visitan el Parque Güell y la Sagrada Familia.
  なぜなら、必ずグエル公園とサグラダファミリアを訪れます。

Unidad 7 **3** Track 67

Me parece que a los japoneses les gusta mucho Gaudí. Porque siempre visitan el Parque Güell y la Sagrada Familia cuando vienen a España.

Sí, es cierto. Es que nos atraen mucho sus ideas y técnica.

Ellas hablan de Gaudí.

Ah, ahora me acuerdo de lo que dijo Gaudí. Dijo así: «para hacer las cosas bien es necesario: primero, el amor; segundo, la técnica».

¿De verdad? Después de todo sus obras están basadas en el amor.

La amiga se acuerda de lo que dijo Gaudí.

◇ Es que nos atraen mucho su(s) idea(s) y técnica.
彼の考えや技術が私たちをとても惹きつけるからです。

● Ahora me acuerdo de lo que dijo Gaudí.
今、ガウディが言ったことを思い出しました。

● Para hacer las cosas bien es necesario el amor.
物を上手に作るためには、愛情が必要です。

◇ ¿De verdad?
本当？

◇ Después de todo sus obras están basadas en el amor.
つまるところ、彼の作品は愛情を基礎にしています。

España スペイン

3 Arquitectura de Gaudí

Track 68

Parte 2 アヤになってサグラダファミリアについて話してみましょう。

¡Hola, Aya! ¿Dónde te habías metido?

Aya se encuentra con una amiga.

¿Qué impresión has sacado de la Sagrada Familia?

Aya habla de la impresión de la Sagrada Familia.

休暇の後、友人と旅行について話す際に役立つ表現を覚えましょう。

応用表現

Track 69

- ¡Cuánto tiempo sin verte / vernos!
  久しぶりですね！

- Hacía mucho que no te veía.
  久しぶりに会いましたね。

- ¿Dónde habías estado?
  どこに行ってたのですか？

- ◇ Hice un viaje a Portugal.
  ポルトガルに旅行をしました。

- ¿Cuál es tu impresión de Portugal?
  ポルトガルはどんな印象ですか？

Unidad 7 — 3 — Track 68

> Me parece que a los japoneses les gusta mucho Gaudí. Porque siempre visitan el Parque Güell y la Sagrada Familia cuando vienen a España.

Ellas hablan de Gaudí.

> Ah, ahora me acuerdo de lo que dijo Gaudí. Dijo así: «para hacer las cosas bien es necesario: primero, el amor; segundo, la técnica».

La amiga se acuerda de lo que dijo Gaudí.

◇ Quedé impresionado / impresionada por la hospitalidad.
親切なもてなしに感動しました。

◇ Nunca había visto una ciudad tan hermosa.
あんなに美しい街を一度も見たことがありません。

◇ Todo el mundo admira su belleza.
皆がその美しさに感心しています。

● ¿Te das cuenta de que cada ciudad tiene su encanto?
それぞれの街に魅力があるということに気づきましたか？

◇ No cabe ninguna duda / la menor duda.
明白です／疑う余地はありません。

España スペイン

3　ガウディの建築

イラスト1　アヤは友人に出会います。
友人　：　アヤ、どこに行ってたの？
アヤ　：　バルセロナに行ってたのよ。ずっと以前からサグラダファミリアを見たいと思っていたの。

イラスト2　アヤはサグラダファミリアの印象について話します。
友人　：　サグラダファミリアからどんな印象を受けたの？
アヤ　：　その歴史と美しさに圧倒されたわ。

イラスト3　彼女たちはガウディについて話します。
友人　：　日本人はガウディがすごく好きみたいね。だって、スペインに来ると必ずグエル公園とサグラダファミリアを訪れるもの。
アヤ　：　ええ、そうね。彼の考えや技術にとても惹かれるからよ。

イラスト4　友人がガウディの言葉を思い出します。
友人　：　ああ、今、ガウディが言ったことを思い出したわ。「ものを上手に作るには、まず愛情、その次に技術が必要である」と言ったのよ。
アヤ　：　本当？　やはり、彼の作品は愛情を基礎にしているのね。

◀サグラダファミリア

▼グエル公園

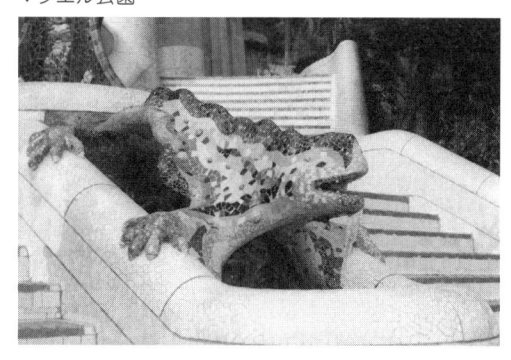

Pausa 少し休憩

モデルニスモ

　カタルーニャ地方のレウスで生まれたアントニ・ガウディが活躍した19世紀末は、同じくカタルーニャ地方のバルセロナという都市が拡張を始めた時期でもあります。多くのカタルーニャの実業家たちは邸宅や工場などの建設を建築家たちの手に委ねました。エウセビオ・グエルも、そんな青年実業家の一人であり、ガウディに多くの仕事を依頼しました。グエル邸、グエル公園、コロニア・グエル教会などがそうです。

　この19世紀末のスペインの芸術はモデルニスモ（modernismo）と呼ばれています。

　建築家では、ガウディと並んでドメネク・イ・モンタネル、プッチ・イ・カダファルクが有名です。バルセロナを訪れる際には、これらの建築家の作品であるカタルーニャ音楽堂、サンパウ病院、カサ・アマトリェールも見学してみてください。

サグラダファミリア　URL https://www.sagradafamilia.org/es/home

◀ サグラダファミリア模型

ボキャブラリー

obra　作品
arte　芸術
artista　芸術家
pintura　絵画
pintor / pintora　画家
escultura　彫刻
escultor / escultora　彫刻家
arquitectura　建築

arquitecto / arquitecta　建築家
fotografía　写真
fotógrafo / fotógrafa　写真家
músico / música　音楽家
escritor / escritora　作家
exposición　展覧会、展示会
museo　博物館 / 美術館
urbanización　都市化

España スペイン

イラスト辞書

tapas おつまみ

aceitunas
オリーブの実

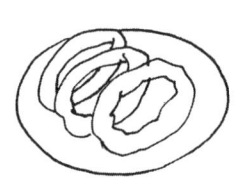

calamares fritos
イカのリング揚げ

tortilla española
スペイン風ジャガイモのオムレツ

gambas al ajillo
えびのにんにくオイル

mejillones
ムール貝

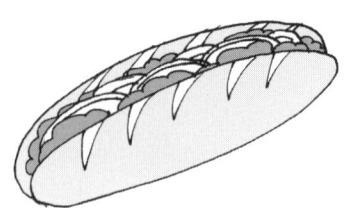

bocadillo
バゲットパンのサンドイッチ

ensalada rusa
ロシア風サラダ

patatas bravas
パプリカあえのポテトフライ

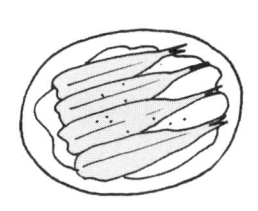

boquerones
カタクチイワシ

queso surtido
チーズの盛り合わせ

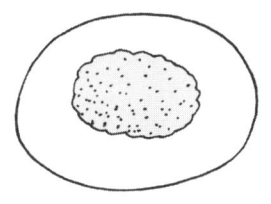

croqueta
クリームコロッケ

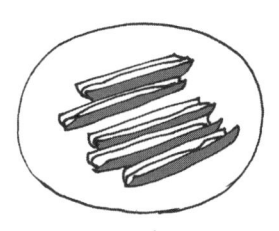

navajas
マテ貝

bebidas 飲み物

sangría
サングリア

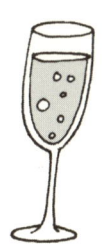

cava
カバ

jerez
シェリー酒

tinto de verano
赤ワインのソーダ割り

calimocho
赤ワインのコーラ割り

cuba libre
ラムのコーラ割り（ラムコーク）

vino tinto
赤ワイン

vino blanco
白ワイン

vino rosado
ロゼワイン

café solo
ブラックコーヒー

café cortado
ミルク入りコーヒー

café con leche
カフェオレ

España スペイン

Gramática

比較表現

❶比較級

①優等比較： más ＋ 形容詞／副詞 ＋ que　　➡「～よりも～です」

Mi madre es **más amable que** mi padre.　　私の母は父よりも優しいです。
Roberto habla **más lento que** su hermano.　　ロベルトは彼の兄よりもゆっくり話します。

②劣等比較： menos ＋ 形容詞／副詞 ＋ que　　➡「～ほど～ではありません」

Estos edificios son **menos altos que** aquéllos.　　これらの建物はあれらほど高くありません。
Sergio come **menos rápido que** Carlos.　　セルヒオはカルロスほど速くは食べません。

③同等比較： tan ＋ 形容詞／副詞 ＋ como　　➡「～と同じくらい～です」
（否定） no tan ＋ 形容詞／副詞 ＋ como　　➡「～ほど～ではありません」

Esta película es **tan interesante como** ésa.　　この映画はそれと同じくらい面白いです。
Ahora **no** estoy **tan ocupado como** la semana pasada.
　　　　　　　　　　　　　　　　　　　今、私は先週ほど忙しくありません。

❷最上級

定冠詞（＋名詞）＋ más ＋ 形容詞 ＋ de ➡「～の中で一番～です」

Este programa es **el más divertido**.　　この番組は一番楽しいです。
El Teide es **la montaña más alta de** España.　　テイデ山はスペインで一番高い山です。

❸不規則な比較語

「más ＋ 形容詞／副詞」の部分が一語になる不規則な比較語を持つ形容詞と副詞があります。

bueno 良い	malo 悪い	mucho たくさんの	poco 少しの	grande 大きい	pequeño 小さい
bien 良く	mal 悪く	mucho 大いに	poco 少し	—	—
mejor	**peor**	**más**	**menos**	**mayor** más grande	**menor** más pequeño

※1　mayor, menor は年齢や重要性などの大小、más grande, más pequeño は形や背丈の大小の比較に用います。
※2　tan ＋ mucho の場合には、tanto となります。名詞が続く場合には、その名詞の性と数に一致させます。

Mi coche es **mejor** que el tuyo.　　私の車は君のよりもいいです。
Andrés habla inglés **mejor** que yo.　　アンドレスは私よりも英語を上手に話します。
Éste es el **mejor** vino de la región.　　これはその地方で最上のワインです。

応用編

Unidad 8

Track 70-78

Los países latinoamericanos
ラテンアメリカ諸国

1 La variedad de su cultura 文化の多様性

2 El español de Latinoamérica
ラテンアメリカのスペイン語

3 Latinoamérica y Japón　ラテンアメリカと日本

1 La variedad de su cultura ····· 文化の多様性　**Track 70**

Parte 1　アヤが友人とラテンアメリカの文化の多様性について会話をしています。まずはCDを聴いてみましょう。

¿Has estado en algún país extranjero?

Sí, he viajado por España e Italia. Y volveré a visitar España el próximo año.

Aya y su amigo hablan de viaje.

¿No quieres conocer Latinoamérica? Allí, también, se habla español.

Sí, me encantaría conocerla algún día. Un amigo mío que ha viajado por Latinoamérica me ha contado sobre la variedad de su cultura.

El amigo le pregunta si quiere conocer Latinoamérica.

重要表現を覚えましょう。
キーセンテンス

- ¿Has estado en algún país extranjero?
  = ¿Has viajado por algún país extranjero?
  外国に旅行したことはありますか？

◇ Volveré a visitar España el próximo año.
来年再びスペインに旅行します。

◇ Me encantaría conocer Latinoamérica algún día.
いつかラテンアメリカに行ってみたいなぁ。

- Tiene razón.
その通りです。

Unidad 8 1 Track 70

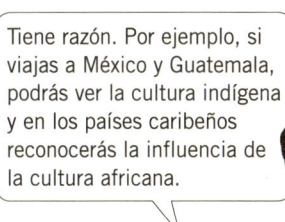

> Tiene razón. Por ejemplo, si viajas a México y Guatemala, podrás ver la cultura indígena y en los países caribeños reconocerás la influencia de la cultura africana.

> Y dicen que viven muchos descendientes de inmigrantes europeos en algunos países de América del Sur como Argentina y Chile, ¿verdad?

Aya y su amigo hablan de la variedad de la cultura latinoamericana.

> En Latinoamérica hay unos 20 países y además la superficie es inmensa. La variedad de razas, clima y naturaleza influye en su cultura, tales como comida, costumbre, música, etc. ¿No es cierto?

> No hay duda. Hablando de la música, hay tango, mariachi, cumbia, son, folklore, mambo, salsa… Son innumerables.

El amigo le da un ejemplo de la variedad de su cultura.

- Si viajas a México, podrás ver la cultura indígena.
  メキシコを旅行すれば、先住民の文化を知るでしょう。

- En Latinoamérica hay más de 20 países y además la superficie es inmensa.
  ラテンアメリカには20以上の国があり、さらに面積も広大です。

- La variedad de razas influye en su cultura.
  人種の多様性が文化に影響を及ぼしています。

- ¿No es cierto?
  そうではありませんか？

- No hay duda.
  間違いないです。疑う余地はありません。

- Hablando de la música,
  音楽ついて言えば、

Los países latinoamericanos ラテンアメリカ諸国

1 · La variedad de su cultura

Track 71

Parte 2 今度はアヤになって、ラテンアメリカの文化の多様性について語りましょう。

¿Has estado en algún país extranjero?

Aya y su amigo hablan de viaje.

¿No quieres conocer Latinoamérica? Allí, también, se habla español.

El amigo le pregunta si quiere conocer Latinoamérica.

意見を述べる際に役立つ表現を覚えましょう。
応用表現

Track 72

- Creo / Pienso que tienes razón.
  あなたの言うとおりだと思います。

- En mi opinión, estás equivocado / equivocada.
  私の意見ではあなたは間違っています。

- Me parece que anda bien la situación económica de este país.
  この国の経済状況は良いように思います。

- Estoy seguro / segura de que vale la pena conocer otra cultura.
  異文化を知ることは大切なことだと、私は確信しています。

Unidad 8 — 1 — Track 71

Tiene razón. Por ejemplo, si viajas a México y Guatemala, podrás ver la cultura indígena y en los países caribeños reconocerás la influencia de la cultura africana.

Aya y su amigo hablan de la variedad de la cultura latinoamericana.

No hay duda. Hablando de la música, hay tango, mariachi, cumbia, son, folklore, mambo, salsa… Son innumerables.

El amigo le da un ejemplo de la variedad de su cultura.

- Es obvio que la variedad de razas influye en su cultura.
  人種の多様性が文化に影響を及ぼしていることは明らかです。

- Evidentemente, sí.
  明らかにそうです。

- Probablemente, no.
  おそらくちがいます。

- Puede ser.
  そうかもしれない。

Los países latinoamericanos ラテンアメリカ諸国

1 文化の多様性

イラスト1　アヤと友人は旅行について話しています。
友人 ： 外国に旅行したことはあるかい？
アヤ ： ええ、スペインとイタリアに旅行したことがあるわ。スペインは来年もう一度訪れるつもりよ。

イラスト2　友人がアヤにラテンアメリカに行ってみたいかどうか尋ねます。
友人 ： ラテンアメリカには行ってみたくはない？ラテンアメリカでもスペイン語を話すよ。
アヤ ： ええ、いつか行けたらなぁ、と思っているわ。ラテンアメリカを旅行した友達が、ラテンアメリカの多様性について語ってくれたことがあるのよ。

イラスト3　アヤと友人はラテンアメリカの文化の多様性について話します。
友人 ： その通りだよ。メキシコやグアテマラに行けば先住民の文化が見られるし、カリブ海諸国ではアフリカ文化の影響が見られるからね。
アヤ ： アルゼンチンやチリなど南米の国にはヨーロッパ系移民の子孫が多いそうね。

イラスト4　友人はラテンアメリカ文化の多様性に関して例を挙げます。
アヤ ： ラテンアメリカには約20カ国の国があり、面積も広大よね。人種や気候、自然の多様性が食事や習慣、音楽などの文化に影響を与えているでしょうね。
友人 ： 間違いないね。たとえば音楽を例にとれば、タンゴ、マリアッチ、クンビア、ソン、フォルクローレ、マンボ、サルサなど、数え切れないほどあるよ。

▲キューバ

メキシコ▶

Pausa 少し休憩

ラテンアメリカの食文化

　ラテンアメリカの料理は地域や国によってさまざまです。メキシコではトウモロコシの粉で作った薄生地のパン（tortilla）が主食ですし、カリブ海諸国では豆料理が多く食されます。ペルーには何百種類もの芋があり、アルゼンチンでは牛肉やイタリア料理が食され、チリではイギリス移民の影響でティータイムの習慣があります。

　お酒も、リュウゼツランから作るテキーラ、サトウキビで作るラム、ブドウから作るピスコ、ワインなど地域によってさまざまな種類があります。

　こうした食べ物の多様性は気候やその国に住む人種や歴史の影響から来るものです。郷に入っては郷に従え（Donde fueres haz como vieres.）。料理や飲み物はその地域に最も適した形で生まれたものですから、現地を訪れた際はぜひその地域の食事を試してみたいですね。

▲キューバ料理 　　　▲メキシコ料理

ボキャブラリー

cultura　文化
música　音楽
comida　食事
variedad　多様性
inmigrante　移民
clima　気候
costumbre　習慣
raza　人種

influencia　影響
historia　歴史
naturaleza　自然
medio ambiente　環境
geografía　地理
lengua　言語
religión　宗教

2 El español de Latinoamérica ····· ラテンアメリカのスペイン語　Track 73

Parte 1 アヤがメキシコ人の友人と話をしています。まずは CD を聴いてみましょう。

> Perdón, no entendí lo que me dijiste. ¿Puedes repetirlo?

> Dije: Vamos a tomar el camión. "Camión" quiere decir "autobús" en España.

Aya habla con un amigo mexicano.

> ¿Ah sí? No lo sabía. Como el idioma español se habla en muchos países, me imagino que hay diferencia entre ellos.

> Así es. Cada país tiene su castellano particular y se llama mexicanismo, argentinismo, cubanismo, etc.

Aya y su amigo hablan sobre la diferencia del español de España y de Latinoamérica.

重要表現を覚えましょう。
キーセンテンス

◇ Perdón.
すみません。

◇ ¿Puedes repetirlo, por favor?
 = Otra vez, por favor.
もう一度言ってくれますか？

● Quiere decir "autobús".
autobús（バス）という意味です。

◇ No lo sabía.
それは知りませんでした。

◇ Me imagino que hay diferencia.
違いがあると想像します。

◇ ¿Me das alugún ejemplo?
何か例を挙げてくれませんか？

● Está bien.
 = Vale.（スペイン）
いいですよ。

Unidad 8 — 2 — Track 73

> ¿Me das algún ejemplo?

> Está bien. Por ejemplo, la palabra "autobús" en mi país se dice "camión" como te dije. Pero en Argentina se usa otra palabra "colectivo", en Chile "micro" y en Cuba "guagua".

Aya pide un ejemplo sobre la variedad del español en Latinoamérica.

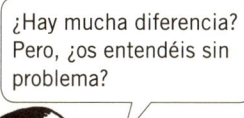

> ¿Hay mucha diferencia? Pero, ¿os entendéis sin problema?

> Sí, cómo no. Aunque hay algunas diferencias, hablamos el mismo idioma. Además, recientemente podemos conocer el castellano de otros países por internet, publicaciones, televisión, etc.

Aya se sorprende de la variedad del español en Latinoamérica.

- Se dice "camión" en México.
  （一般的に）メキシコでは camión（バス）と言われています。

- Se usa otra palabra.
  （一般的に）別の単語が使われています。

◇ sin problema
  問題なく

Los países latinoamericanos ラテンアメリカ諸国

2 El español de Latinoamérica   Track 74

Parte 2 今度はアヤになって、スペイン語の違いについて話しましょう。

Aya habla con un amigo mexicano.

Dije: Vamos a tomar el camión. "Camión" quiere decir "autobús" en España.

Así es. Cada país tiene su castellano particular y se llama mexicanismo, argentinismo, cubanismo, etc.

Aya y su amigo hablan sobre la diferencia del español de España y de Latinoamérica.

相手の言ったことを聞き返す際に役立つ表現を覚えましょう。

応用表現

Track 75

◇ ¿Cómo?
何ですか？

◇ ¿Qué has dicho?
何ておっしゃいましたか？

◇ Me has dicho "camión", ¿verdad?
camión と言いましたよね？

◇ Más despacio, por favor.
もう少しゆっくりお願いします。

◇ Disculpa, no te he entendido bien.
すみません、よくわかりませんでした。

> Está bien. Por ejemplo, la palabra "autobús" en mi país se dice "camión" como te dije. Pero en Argentina se usa otra palabra "colectivo", en Chile "micro" y en Cuba "guagua".

Aya pide un ejemplo sobre la variedad del español en Latinoamérica.

> Sí, cómo no. Aunque hay algunas diferencias, hablamos el mismo idioma. Además, recientemente podemos conocer el castellano de otros países por internet, publicaciones, televisión, etc.

Aya se sorprende de la variedad del español en Latinoamérica.

◇ No te oigo bien.
  あなたの言うことがよく聞こえません。

◇ ¿Puedes hablar más alto, por favor?
  もっと大きな声で話してもらえませんか？

◇ ¿Cómo se dice "Hon" en español / inglés?
  「本」はスペイン語 / 英語でどう言いますか？

◇ ¿Qué significa "colectivo"?
  colectivo とはどういう意味ですか？

2 ラテンアメリカのスペイン語

(イラスト1) アヤはメキシコ人の友人と話しています。
アヤ　：ごめんなさい。あなたの言ったことがわからなかったわ。もう一度言ってみて。
友人　：「Vamos a tomar el camión.（バスに乗ろう。）」って言ったんだよ。camión はスペインで言う autobús（バス）のことだよ。

(イラスト2) アヤと友人はスペインとラテンアメリカのスペイン語の違いについて話しています。
アヤ　：ああ、そうだったの？知らなかったわ。スペイン語は多くの国で話されているから、それぞれ違いがあるのでしょうね。
友人　：そのとおりだよ。それぞれの国に独自のスペイン語があり、国によって、mexicanismo（メキシコ独特のスペイン語）、argentinismo（アルゼンチン独特のスペイン語）、cubanismo（キューバ独特のスペイン語）などと呼ばれているんだよ。

(イラスト3) アヤはラテンアメリカのスペイン語の多様性について具体例を求めます。
アヤ　：何か具体例を教えて。
友人　：いいよ。たとえば、autobús（バス）は、いま言ったように僕の国では camión と言うんだ。でもアルゼンチンでは別の単語 colectivo を使い、チリでは micro、キューバでは guagua といった単語を使っているよ。

(イラスト4) アヤはラテンアメリカスペイン語の多様性に驚きます。
アヤ　：そんなに違うの？でもスペイン語圏の人たちはお互い問題なく理解し合えるの？
友人　：ああ、もちろんだ。いくら違いはあっても、同じ言語を話しているからね。しかもこのごろは、ネットや出版物、テレビなどでそれぞれの国のスペイン語を知ることができるからね。

ラテンアメリカスペイン語の特徴

ラテンアメリカのスペイン語の主な特徴について紹介しましょう。

・2人称複数形には vosotros を用いず ustedes を代用する。
・d, s の発音が弱音化、もしくは無音化する。
・ll, y が「ジャ」行、もしくは「シャ」行で発音される。
・縮小辞 (-ito / -ita など) が多用される。

上記以外にもイントネーションや話すスピード、語彙の違いなどが挙げられます。語彙の違いは野菜や果物、交通手段などで多く見られます。また、一言でラテンアメリカのスペイン語と言っても、中米、カリブ海地域、アンデス地域、ラプラタ川流域などでさらなる地域差が見られます。

スペイン語圏の人たちは、みんな自分の国のスペイン語が最も美しいと言います。スペイン語圏を旅行する際、スペイン語圏の人と話す際は、それぞれに美しいスペイン語の違いをぜひ楽しんでください。

ボキャブラリー

peculiaridad 独自性、特徴
significar 意味する
sentido 意味
ejemplo 例
diferencia 違い
internet インターネット
publicación 出版、出版物
televisión テレビ
traducción 翻訳
lengua materna 母語
castellano スペイン語、カスティーリャ語

vocabulario 語彙
gramática 文法
acento アクセント
dialecto 方言
pronunciación 発音
entonación イントネーション
palabra 単語

3 Latinoamérica y Japón …… ラテンアメリカと日本 Track 76

Parte 1 ラテンアメリカと日本の関係についての会話です。まずは CD を聴いてみましょう。

¿Se encuentran turistas japoneses en tu país?

Sí, hay muchos. No sólo en Perú, sino en otros países latinoamericanos, también, tenemos muchos turistas japoneses.

Aya pregunta a una amiga peruana sobre turistas japoneses en Latinoamérica.

¿A dónde van ellos cuando visitan tu país? ¿Qué lugares son más interesantes?

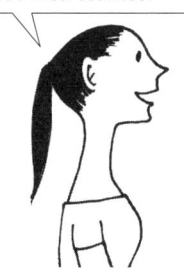

Como ejemplo, las líneas de Nazca son famosísimas, y el Machu Picchu, las ruinas incaicas, está en la lista del Patrimonio de la Humanidad. A muchos turistas les fascina la cultura de la época prehispánica.

Aya pregunta a su amiga sobre los lugares interesantes en su país.

重要表現を覚えましょう。
キーセンテンス

◇ ¿Se encuentran turistas japoneses en tu país?
あなたの国に日本人観光客はいますか？

◇ ¿Qué lugares son más interesantes?
どの場所が最も興味深いですか？

● Las líneas de Nazca son famosísimas.
ナスカの地上絵はとても有名です。

● A muchos turistas les fascina la cultura de la época prehispánica.
スペインによる植民地時代以前の文化が観光客を魅了しています。

Unidad 8 — 3 Track 76

> Y, ¿cómo son las relaciones entre Latinoamérica y Japón?

> En cuanto al comercio, Japón siempre ha tenido mucho interés en mantener relaciones comerciales con Latinoamérica. Porque América Latina cuenta con abundantes recursos naturales.

Aya pregunta sobre las relaciones entre Latinoamérica y Japón.

> ¿Qué recursos naturales tiene?

> Espero que sigan desarrollándose las relaciones entre Latinoamérica y Japón, incluido el intercambio cultural.

> Por ejemplo, Venezuela es reconocido mundialmente como un país productor de petróleo, y Perú como un país con recursos minerales. Y Japón importa productos agrícolas de México y Chile.

Aya le pregunta sobre los recursos naturales de Latinoamérica.

- ◇ ¿Cómo son las relaciones entre Latinoamérica y Japón?
  ラテンアメリカと日本の関係はどうですか？

- ● En cuanto al comercio,
  貿易に関して言えば、

- ● Japón siempre ha tenido mucho interés en mantener relaciones comerciales con Latinoamérica.
  日本はラテンアメリカとの貿易に常に強い関心を持っています。

- ● Venezuela es reconocido como un país productor de petróleo.
  ベネズエラは産油国として知られています。

- ◇ Espero que sigan desarrollándose las relaciones entre Latinoamérica y Japón.
  ラテンアメリカと日本の関係がさらに発展し続けることを望みます。

Los países latinoamericanos ラテンアメリカ諸国

3 Latinoamérica y Japón　　Track 77

Parte 2　今度はアヤになって、ラテンアメリカと日本の関係について話しましょう。

Sí, hay muchos. No sólo en Perú, sino en otros países latinoamericanos, también, tenemos muchos turistas japoneses.

Aya pregunta a una amiga peruana sobre turistas japoneses en Latinoamérica.

Como ejemplo, las líneas de Nazca son famosísimas, y el Machu Picchu, las ruinas incaicas, está en la lista del Patrimonio de la Humanidad. A muchos turistas les fascina la cultura de la época prehispánica.

Aya pregunta a su amiga sobre los lugares interesantes en su país.

長い文章を論理立てて話す際に役立つ表現を覚えましょう。
応用表現

Track 78

◇ Primero, llegué a México para visitar las ruinas mayas.
まず始めにメキシコに到着し、マヤの遺跡を訪れました。

◇ Luego, viajé al sur visitando Guatemala, Colombia y Ecuador.
それから南下し、グアテマラ、コロンビアとエクアドルに行きました。

◇ A continuación conocí la zona de los Andes centrales, Perú y Bolivia.
続いて中央アンデス地域のペルーとボリビアを訪れました。

> En cuanto al comercio, Japón siempre ha tenido mucho interés en mantener relaciones comerciales con Latinoamérica. Porque América Latina cuenta con abundantes recursos naturales.

Aya pregunta sobre las relaciones entre Latinoamérica y Japón.

> Por ejemplo, Venezuela es reconocido mundialmente como un país productor de petróleo, y Perú como un país con recursos minerales. Y Japón importa productos agrícolas de México y Chile.

Aya le pregunta sobre los recursos naturales de Latinoamérica.

◇ Después me satisfice con el vino chileno y el asado porteño.
その後、チリのワインとブエノスアイレスのアサド（バーベキュー）を堪能しました。

◇ Al fin / Finalmente, me dirigí a Iguazú, la catarata más grande del mundo.
最後に、世界最大の滝イグアスに向かいました。

◇ Y entonces, me recomendaron viajar a Brasil donde se puede conocer otro aspecto de la catarata.
すると、ブラジルに旅行し違う角度からイグアスの滝を見てはどうかと勧められました。

◇ En suma, conocí 9 países latinoamericanos en este viaje.
つまり、私はこの旅で9カ国のラテンアメリカの国を訪れました。

3 ラテンアメリカと日本

（イラスト1）　アヤはペルー人の友人にラテンアメリカを訪れる日本人観光客について尋ねます。
アヤ　：　あなたの国には日本人観光客はいるの？
友人　：　ええ、たくさんいるわよ。ペルーに限らず、ラテンアメリカには多くの日本人観光客がいるわ。

（イラスト2）　アヤはペルーの見所を尋ねます。
アヤ　：　日本人観光客はペルーのどこに行くの？どこが見所？
友人　：　たとえばナスカの地上絵はとても有名だし、インカの遺跡、マチュ・ピチュは世界遺産に登録されているわ。スペインによる植民地時代以前の文化が観光客を魅了しているようね。

（イラスト3）　アヤはラテンアメリカと日本の関係について尋ねます。
アヤ　：　ラテンアメリカと日本の関係はどうなのかしら？
友人　：　貿易に関して言えば、日本はラテンアメリカとの貿易に常に強い関心を持っているわ。なぜならラテンアメリカには豊富な天然資源があるからよ。

（イラスト4）　アヤは友人にラテンアメリカの天然資源について尋ねます。
アヤ　：　天然資源とはどういったものなの？
友人　：　たとえばベネズエラは産油国として世界的に有名だし、ペルーは鉱物資源で有名よ。それに日本はメキシコやチリからは農産物を輸入しているわ。
アヤ　：　文化交流も含め、ラテンアメリカと日本の関係がさらに発展し続けるといいわね。

Pausa 少し休憩

世界に広がるスペイン語

スペイン語は 20 カ国以上の公用語であり、3 億人以上の人々が日常的に使用していると言われています。しかも近年では、ヨーロッパやアメリカ合衆国、日本などに多くのスペイン語圏の人々が移住しており、スペイン語圏以外でもスペイン語を聞く機会が増えてきました。とくにアメリカでは、メキシコやキューバ、プエルトリコなど中南米からの移民、いわゆるヒスパニック系移民が増えています。次の会話を見てみましょう。

Hola, good morning, cómo estás?
Fine, y tú?

このように、アメリカに住むヒスパニック系移民の間では、Spanglish と呼ばれるスペイン語と英語の混じり合った独特な言語が使用されています。言葉は生きものですから、スペインで生まれたスペイン語がラテンアメリカに渡り、それぞれの国で独自のスペイン語に変わったように、今後も新しい地で新しいスペイン語が生まれていくかもしれません。

参考映画
『スパングリッシュ　太陽の国から来たママのこと』
（2005 年　アメリカ　監督：ジェームズ・L・ブルックス　出演：アダム・サンドラー、パズ・ヴェガ）

ボキャブラリー

recursos naturales　天然資源
abundante　豊富な
productor　生産者、生産する（形）
mineral　鉱物
petróleo　石油
ruinas　遺跡
Patrimonio de la Humanidad　世界遺産
prehispánico　スペインの植民地時代以前の
intercambio　交流

política　政治
comercio　商業
economía　経済
industria　産業
agricultura　農業
comercio exterior　貿易
exportar　輸出する
importar　輸入する

イラスト辞書

Los países hispanohablantes
スペイン語圏の国々

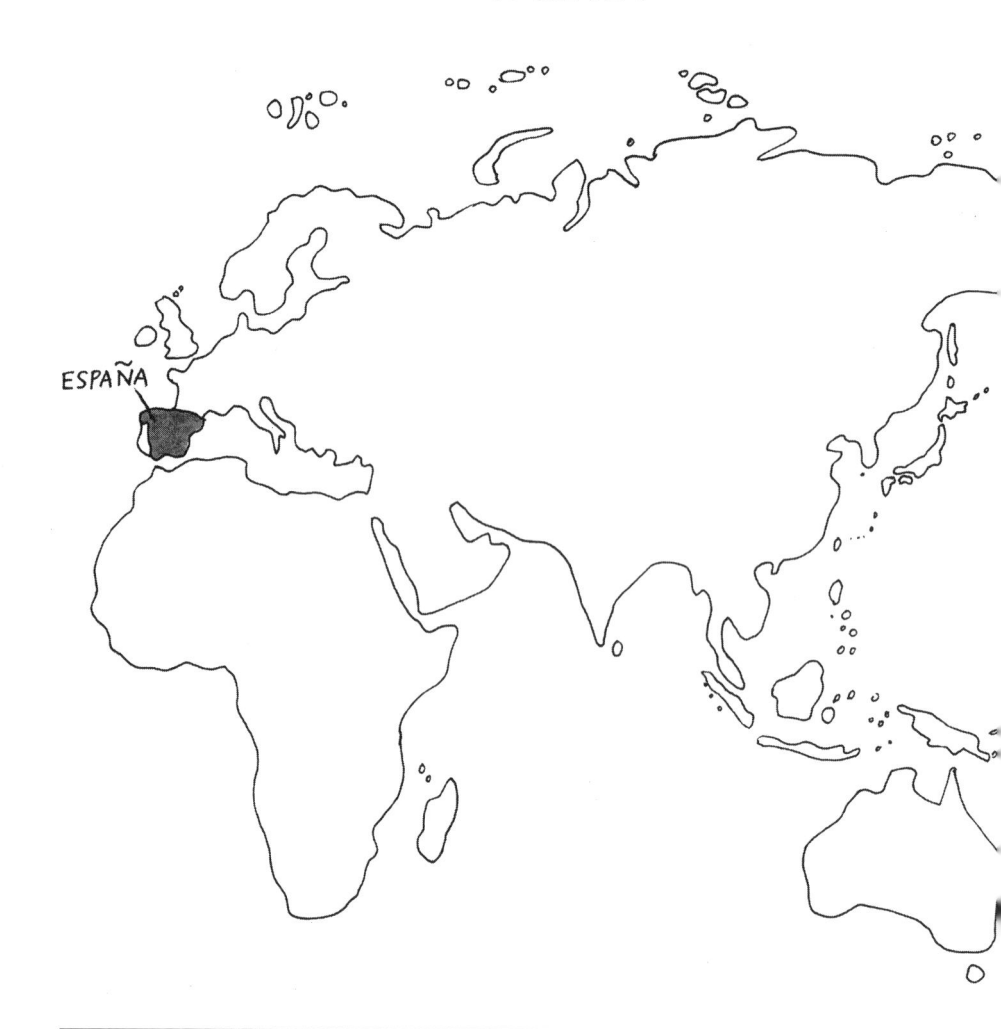

ESPAÑA

petróleo　石油（ベネズエラ）
gas natural　天然ガス（ボリビア）
carne de vaca　牛肉（アルゼンチン）
banana　バナナ（エクアドル）
café
　コーヒー（コロンビア・エルサルバドル・グアテマラ）
azúcar　砂糖（キューバ・ドミニカ共和国）
puro　葉巻（キューバ）
mineral　鉱物（ペルー）

vino　ワイン（チリ）
tango　タンゴ（アルゼンチン）
las líneas de Nazca　ナスカの地上絵（ペルー）
la catarata del Iguazú
　イグアスの滝（アルゼンチン・パラグアイ）
el canal de Panamá　パナマ運河（パナマ）
la Pirámide del Sol　太陽のピラミッド（メキシコ）
Patagonia　パタゴニア（アルゼンチン）
moai　モアイ像（チリ）

MÉXICO
CUBA
REP. DOMINICANA
GUATEMALA
EL SALVADOR
PANAMÁ
VENEZUELA
COLOMBIA
BOLIVIA
PERÚ
PARAGUAY
CHILE
ECUADOR
ARGENTINA

Los países latinoamericanos ラテンアメリカ諸国

Gramática

無人称文

「ここは禁煙です」など、主語が表に出ない文章というのは案外多くあります。このように主語を出さず、「一般的に〜です」と言いたい場合や主語を特定しない場合は無人称文を用います。無人称文の主な作り方は以下のとおりです。

❶ se ＋3人称単数形の動詞

No **se permite** fumar aquí.　　ここは禁煙です。
¿Por dónde **se va** a la estación?　　駅へ行くにはどう行けばいいのですか？

❷ 3人称複数形の動詞

英語も they を主語にして無人称文を作るように、動詞を3人称複数形の活用にし、無人称文を作ることができます。

Dicen que va a llover hoy.　　今日は雨が降るという話です。
Tocan el timbre.　　誰かが呼び鈴を鳴らしています。

こうした無人称文は会話でもよく使用されます。たとえば物の名前を知りたいときには、次のように無人称の se を用います。

— ¿Cómo **se dice** "book" en español?　　book はスペイン語でどう言うのですか？
— **Se dice** "libro".　　libro と言います。

また、街角の看板、広告などでも無人称の se をよく見かけます。

SE PROHÍBE LA ENTRADA （立入禁止）	NO APARCARSE （駐車禁止） （スペイン）	NO ESTACIONARSE （駐車禁止） （中南米）

付録

基数 (Números cardinales)

Track 79

0	cero	20	veinte	100	cien
1	uno	21	veintiuno	101	ciento uno
2	dos	22	veintidós	200	doscientos / -as
3	tres	23	veintitrés	300	trescientos / -as
4	cuatro	24	veinticuatro	400	cuatrocientos / -as
5	cinco	25	veinticinco	500	quinientos / -as
6	seis	26	veintiséis	600	seiscientos / -as
7	siete	27	veintisiete	700	setecientos / -as
8	ocho	28	veintiocho	800	ochocientos / -as
9	nueve	29	veintinueve	900	novecientos / -as
10	diez	30	treinta	1.000	mil
11	once	31	treinta y uno	2.000	dos mil
12	doce	32	treinta y dos	10.000	diez mil
13	trece	40	cuarenta	100.000	cien mil
14	catorce	50	cincuenta	1.000.000	un millón
15	quince	60	sesenta		
16	dieciséis	70	setenta		
17	diecisiete	80	ochenta		
18	dieciocho	90	noventa		
19	diecinueve				

¿Cuántos años tienes? — Tengo cuarenta años.
君は何歳ですか？　　　　　　40 歳です。

Hay unas doscientas estudiantes en esta facultad.
この学部には約 200 人の女子学生がいます。

年号 (Año)

Track 80

1983 mil novecientos ochenta y tres　　　　2012 dos mil doce

Nací en el año mil novecientos setenta.　私は 1970 年に生まれました。

時刻 (Hora)

¿Qué hora es?　何時ですか？

Es la una (**en punto**).　　　　　　Son las dos (**en punto**).

Es la una **y** cinco.　　　　　　　　Son las cuatro **y** ocho.

Es la una y **cuarto**.　　　　　　　Son las siete y **cuarto**.

Es la una y **media**.　　　　　　　Son las nueve y **media**.

Son las dos **menos** diez.　　　　Son las once **menos** diez. / Faltan diez para las once.（中南米）

¿A qué hora empieza el concierto?　コンサートは何時に始まりますか？
— Empieza a las ocho de la tarde.　夜の8時に始まります。

¿Hasta qué hora están abiertos los bancos?　銀行は何時まで開いていますか？
— Están abiertos desde las 8 hasta las 2.　8時から2時まで開いています。

序数 (Números ordinales)

1° **primero**	2° **segundo**	3° **tercero**	4° **cuarto**
5° **quinto**	6° **sexto**	7° **séptimo**	8° **octavo**
9° **noveno**	10° **décimo**		

primer ministro　首相　　　segunda planta　2階
tercer grado　3年生　　　　un cuarto　4分の1

▶ primero, terceroは男性単数名詞の前で語尾の -o が脱落します。

月 (Meses)

Track 83

enero	1月	**febrero**	2月	**marzo**	3月	**abril**	4月
mayo	5月	**junio**	6月	**julio**	7月	**agosto**	8月
septiembre	9月	**octubre**	10月	**noviembre**	11月	**diciembre**	12月

¿Qué fecha es hoy?　　今日は何日ですか？
— Es uno / (el) primero de marzo.　3月1日です。

¿Cuándo es tu cumpleaños?　誕生日はいつですか？
— Es el nueve de febrero.　　2月9日です。

曜日 (Días de la semana)

Track 84

lunes	月曜日	**martes**	火曜日	**miércoles**	水曜日
jueves	木曜日	**viernes**	金曜日	**sábado**	土曜日
domingo	日曜日				

¿Qué día (de la semana) es hoy?　今日は何曜日ですか？
— Es martes.　　火曜日です。

Alicia sale de compras este domingo.
アリシアは今週日曜日に買い物に出かけます。

¿Qué haces los viernes por la tarde?
毎週金曜日の午後は何をしますか？

季節 (Estaciones)

Track 85

primavera 春　　**verano** 夏　　**otoño** 秋　　**invierno** 冬

Voy a viajar a Colombia en las vacaciones de verano.
夏休みにコロンビアに旅行します。

天気（El tiempo）　　　　　　　　　　　　　　　　　　　Track 86

¿Qué tiempo hace?　天気はどうですか？

Hace buen tiempo.	良い天気です。
Hace mal tiempo.	天気は悪いです。
Hace calor.	暑いです。
Hace mucho frío.	とても寒いです。
Hace sol.	太陽が出ています。
Hace mucho viento.	風が強いです。
Hace fresco.	涼しいです。
Está templado.	暖かいです。
Llueve.	雨です。
Nieva.	雪です。
Está nublado	曇っています。
Truena.	雷が鳴ります。
Hay mucha humedad.	湿度が高いです。
La temperatura es de 30 grados.	気温は30度です。

方角（Puntos cardinales）　　　　　　　　　　　　　　　Track 87

norte 北　　　**sur** 南　　　**oeste** 西　　　**este** 東

La universidad está al norte de la ciudad.　その大学は街の北にあります。
Hoy llueve mucho en el sur de España.　今日スペイン南部は大雨です。

形容詞・副詞（Adjetivos y adverbios）

Track 88

bueno	良い	⇔	**malo**	悪い
grande	大きい	⇔	**pequeño**	小さい
largo	長い	⇔	**corto**	短い
nuevo	新しい	⇔	**viejo**	古い
mucho	多くの／多く	⇔	**poco**	少しの／少し
correcto	正しい	⇔	**equivocado**	間違った
limpio	清潔な	⇔	**sucio**	汚い
mismo / igual	同じ	⇔	**distinto / diferente**	異なる
caro	値段の高い	⇔	**barato**	安い
caliente	熱い	⇔	**frío**	冷たい
abierto	開いた	⇔	**cerrado**	閉まった
alto	高い	⇔	**bajo**	低い
delgado	やせた	⇔	**gordo**	太った
apretado	きゅうくつな	⇔	**flojo**	ゆるい
guapo	美しい	⇔	**feo**	醜い
simpático	感じの良い	⇔	**antipático**	感じの悪い
divertido	愉快な	⇔	**aburrido**	退屈な
inteligente	頭の良い			
alegre	陽気な			
serio	まじめな			
amable	親切な			
cansado	疲れた			
contento	満足した			
enfermo	病気の			
libre	暇な			
ocupado	忙しい			
resfriado	風邪をひいた			
adelante	前に	⇔	**atrás**	後ろに
arriba	上に	⇔	**abajo**	下に
temprano	早く	⇔	**tarde**	遅く

Laura es una persona simpática.　　ラウラはフレンドリーな人です。
Los museos están cerrados. 　　　　美術館は閉まっています。
Estas películas son muy interesantes.　これらの映画はとても面白いです。

動詞活用表

◆規則動詞

	直説法			
	現在形	点過去形	線過去形	現在完了形
hablar	hablo	hablé	hablaba	he hablado
	hablas	hablaste	hablabas	has hablado
	habla	habló	hablaba	ha hablado
	hablamos	hablamos	hablábamos	hemos hablado
	habláis	hablasteis	hablabais	habéis hablado
	hablan	hablaron	hablaban	han hablado
comer	como	comí	comía	he comido
	comes	comiste	comías	has comido
	come	comió	comía	ha comido
	comemos	comimos	comíamos	hemos comido
	coméis	comisteis	comíais	habéis comido
	comen	comieron	comían	han comido
vivir	vivo	viví	vivía	he vivido
	vives	viviste	vivías	has vivido
	vive	vivió	vivía	ha vivido
	vivimos	vivimos	vivíamos	hemos vivido
	vivís	vivisteis	vivíais	habéis vivido
	viven	vivieron	vivían	han vivido

※ 規則動詞は活用語尾を太字で示しています。

◆不規則動詞

① ser	*soy*	*fui*	*era*	he sido
	eres	*fuiste*	*eras*	has sido
	es	*fue*	*era*	ha sido
	somos	*fuimos*	*éramos*	hemos sido
	sois	*fuisteis*	*erais*	habéis sido
	son	*fueron*	*eran*	han sido
② estar	*estoy*	*estuve*	estaba	he estado
	estás	*estuviste*	estabas	has estado
	está	*estuvo*	estaba	ha estado
	estamos	*estuvimos*	estábamos	hemos estado
	estáis	*estuvisteis*	estabais	habéis estado
	están	*estuvieron*	estaban	han estado

※ 不規則に活用する箇所を太字・斜体で示しています。

	直説法		接続法		命令法
未来形	過去未来形	現在形	過去形（-ra）		
hablaré	hablaría	hable	hablara	−
hablarás	hablarías	hables	hablaras	habla
hablará	hablaría	hable	hablara	−
hablaremos	hablaríamos	hablemos	habláramos	−
hablaréis	hablaríais	habléis	hablarais	hablad
hablarán	hablarían	hablen	hablaran	−
comeré	comería	coma	comiera	−
comerás	comerías	comas	comieras	come
comerá	comería	coma	comiera	−
comeremos	comeríamos	comamos	comiéramos	−
comeréis	comeríais	comáis	comierais	comed
comerán	comerían	coman	comieran	−
viviré	viviría	viva	viviera	−
vivirás	vivirías	vivas	vivieras	vive
vivirá	viviría	viva	viviera	−
viviremos	viviríamos	vivamos	viviéramos	−
viviréis	viviríais	viváis	vivierais	vivid
vivirán	vivirían	vivan	vivieran	−

seré	sería	*sea*	*fuera*	−
serás	serías	*seas*	*fueras*	sé
será	sería	*sea*	*fuera*	−
seremos	seríamos	*seamos*	*fuéramos*	−
seréis	seríais	*seáis*	*fuerais*	sed
serán	serían	*sean*	*fueran*	−
estaré	estaría	*esté*	*estuviera*	−
estarás	estarías	*estés*	*estuvieras*	*está*
estará	estaría	*esté*	*estuviera*	−
estaremos	estaríamos	estemos	*estuviéramos*	−
estaréis	estaríais	estéis	*estuvierais*	estad
estarán	estarían	*estén*	*estuvieran*	−

◆その他の不規則動詞－1

		直説法			
		現在形	点過去形	線過去形	現在完了形
③ dar		*doy*	*di*	daba	he dado
		das	*diste*	dabas	has dado
		da	*dio*	daba	ha dado
		damos	*dimos*	dábamos	hemos dado
		dais	*disteis*	dabais	habéis dado
		dan	*dieron*	daban	han dado
④ decir		*digo*	*dije*	decía	he *dicho*
		dices	*dijiste*	decías	has *dicho*
		dice	*dijo*	decía	ha *dicho*
		decimos	*dijimos*	decíamos	hemos *dicho*
		decís	*dijisteis*	decíais	habéis *dicho*
		dicen	*dijeron*	decían	han *dicho*
⑤ haber		*he*	*hube*	había	he habido
		has	*hubiste*	habías	has habido
		ha, hay	*hubo*	había	ha habido
		hemos	*hubimos*	habíamos	hemos habido
		habéis	*hubisteis*	habíais	habéis habido
		han	*hubieron*	habían	han habido
⑥ hacer		*hago*	*hice*	hacía	he *hecho*
		haces	*hiciste*	hacías	has *hecho*
		hace	*hizo*	hacía	ha *hecho*
		hacemos	*hicimos*	hacíamos	hemos *hecho*
		hacéis	*hicisteis*	hacíais	habéis *hecho*
		hacen	*hicieron*	hacían	han *hecho*
⑦ ir		*voy*	*fui*	*iba*	he ido
		vas	*fuiste*	*ibas*	has ido
		va	*fue*	*iba*	ha ido
		vamos	*fuimos*	*íbamos*	hemos ido
		vais	*fuisteis*	*ibais*	habéis ido
		van	*fueron*	*iban*	han ido
⑧ oír		*oigo*	oí	oía	he *oído*
		oyes	*oíste*	oías	has *oído*
		oye	*oyó*	oía	ha *oído*
		oímos	*oímos*	oíamos	hemos *oído*
		oís	*oísteis*	oíais	habéis *oído*
		oyen	*oyeron*	oían	han *oído*

直説法		接続法		命令法
未来形	過去未来形	現在形	過去形（- ra）	
daré	daría	*dé*	diera	−
darás	darías	des	dieras	da
dará	daría	*dé*	diera	−
daremos	daríamos	demos	*diéramos*	−
daréis	daríais	*deis*	dierais	dad
darán	darían	den	dieran	−
diré	*diría*	diga	dijera	−
dirás	*dirías*	digas	dijeras	*di*
dirá	*diría*	diga	dijera	−
diremos	*diríamos*	digamos	dijéramos	−
diréis	*diríais*	digáis	dijerais	decid
dirán	*dirían*	digan	dijeran	−
habré	*habría*	*haya*	*hubiera*	−
habrás	*habrías*	*hayas*	*hubieras*	−
habrá	*habría*	*haya*	*hubiera*	−
habremos	*habríamos*	*hayamos*	*hubiéramos*	−
habréis	*habríais*	*hayáis*	*hubierais*	−
habrán	*habrían*	*hayan*	*hubieran*	−
haré	*haría*	*haga*	*hiciera*	−
harás	*harías*	*hagas*	*hicieras*	*haz*
hará	*haría*	*haga*	*hiciera*	−
haremos	*haríamos*	*hagamos*	*hiciéramos*	−
haréis	*haríais*	*hagáis*	*hicierais*	haced
harán	*harían*	*hagan*	*hicieran*	−
iré	iría	*vaya*	*fuera*	−
irás	irías	*vayas*	*fueras*	*ve*
irá	iría	*vaya*	*fuera*	−
iremos	iríamos	*vayamos*	*fuéramos*	−
iréis	iríais	*vayáis*	*fuerais*	id
irán	irían	*vayan*	*fueran*	−
oiré	*oiría*	*oiga*	*oyera*	−
oirás	*oirías*	*oigas*	*oyeras*	*oye*
oirá	*oiría*	*oiga*	*oyera*	−
oiremos	*oiríamos*	*oigamos*	*oyéramos*	−
oiréis	*oiríais*	*oigáis*	*oyerais*	*oíd*
oirán	*oirían*	*oigan*	*oyeran*	−

◆その他の不規則動詞－2

	直説法			
	現在形	点過去形	線過去形	現在完了形
⑨ poder	***puedo***	***pude***	podía	he podido
	puedes	***pudiste***	podías	has podido
	puede	***pudo***	podía	ha podido
	podemos	***pudimos***	podíamos	hemos podido
	podéis	***pudisteis***	podíais	habéis podido
	pueden	***pudieron***	podían	han podido
⑩ poner	***pongo***	***puse***	ponía	he ***puesto***
	pones	***pusiste***	ponías	has ***puesto***
	pone	***puso***	ponía	ha ***puesto***
	ponemos	***pusimos***	poníamos	hemos ***puesto***
	ponéis	***pusisteis***	poníais	habéis ***puesto***
	ponen	***pusieron***	ponían	han ***puesto***
⑪ querer	***quiero***	***quise***	quería	he querido
	quieres	***quisiste***	querías	has querido
	quieres	***quiso***	quería	ha querido
	queremos	***quisimos***	queríamos	hemos querido
	queréis	***quisisteis***	queríais	habéis querido
	quieren	***quisieron***	querían	han querido
⑫ saber	***sé***	***supe***	sabía	he sabido
	sabes	***supiste***	sabías	has sabido
	sabe	***supo***	sabía	ha sabido
	sabemos	***supimos***	sabíamos	hemos sabido
	sabéis	***supisteis***	sabíais	habéis sabido
	saben	***supieron***	sabían	han sabido
⑬ salir	***salgo***	salí	salía	he salido
	sales	saliste	salías	has salido
	sale	salió	salía	ha salido
	salimos	salimos	salíamos	hemos salido
	salís	salisteis	salíais	habéis salido
	salen	salieron	salían	han salido
⑭ tener	***tengo***	***tuve***	tenía	he tenido
	tienes	***tuviste***	tenías	has tenido
	tiene	***tuvo***	tenía	ha tenido
	tenemos	***tuvimos***	teníamos	hemos tenido
	tenéis	***tuvisteis***	teníais	habéis tenido
	tienen	***tuvieron***	tenían	han tenido

	直説法		接続法		命令法
未来形	過去未来形	現在形	過去形（- ra）		
podré	*podría*	*pueda*	*pudiera*	–
podrás	*podrías*	*puedas*	*pudieras*	*puede*
podrá	*podría*	*pueda*	*pudiera*	–
podremos	*podríamos*	podamos	*pudiéramos*	–
podréis	*podríais*	podáis	*pudierais*	poded
podrán	*podrían*	*puedan*	*pudieran*	–
pondré	*pondría*	*ponga*	*pusiera*	–
pondrás	*pondrías*	*pongas*	*pusieras*	*pon*
pondrá	*pondría*	*ponga*	*pusiera*	–
pondremos	*pondríamos*	*pongamos*	*pusiéramos*	–
pondréis	*pondríais*	*pongáis*	*pusierais*	poned
pondrán	*pondrían*	*pongan*	*pusieran*	–
querré	*querría*	*quiera*	*quisiera*	–
querrás	*querrías*	*quieras*	*quisieras*	*quiere*
querrá	*querría*	*quiera*	*quisiera*	–
querremos	*querríamos*	queramos	*quisiéramos*	–
querréis	*querríais*	queráis	*quisierais*	quered
querrán	*querrían*	*quieran*	*quisieran*	–
sabré	*sabría*	*sepa*	*supiera*	–
sabrás	*sabrías*	*sepas*	*supieras*	sabe
sabrá	*sabría*	*sepa*	*supiera*	–
sabremos	*sabríamos*	*sepamos*	*supiéramos*	–
sabréis	*sabríais*	*sepáis*	*supierais*	sabed
sabrán	*sabrían*	*sepan*	*supieran*	–
saldré	*saldría*	*salga*	saliera	–
saldrás	*saldrías*	*salgas*	saliera	*sal*
saldrá	*saldría*	*salga*	saliera	–
saldremos	*saldríamos*	*salgamos*	saliéramos	–
saldréis	*saldríais*	*salgáis*	saliera	salid
saldrán	*saldrían*	*salgan*	salieran	–
tendré	*tendría*	*tenga*	*tuviera*	–
tendrás	*tendrías*	*tengas*	*tuvieras*	ten
tendrá	*tendría*	*tenga*	*tuviera*	–
tendremos	*tendríamos*	*tengamos*	*tuviéramos*	–
tendréis	*tendríais*	*tengáis*	*tuvierais*	tened
tendrán	*tendrían*	*tengan*	*tuvieran*	–

◆その他の不規則動詞－3

	直説法			
	現在形	点過去形	線過去形	現在完了形
⑮ venir	**vengo**	**vine**	venía	he venido
	vienes	**viniste**	venías	has venido
	viene	**vino**	venía	ha venido
	venimos	**vinimos**	veníamos	hemos venido
	venís	**vinisteis**	veníais	habéis venido
	vienen	**vinieron**	venían	han venido
⑯ ver	**veo**	**vi**	**veía**	he *visto*
	ves	viste	**veías**	has *visto*
	ve	**vio**	**veía**	ha *visto*
	vemos	vimos	**veíamos**	hemos *visto*
	veis	visteis	**veíais**	habéis *visto*
	ven	vieron	**veían**	han *visto*
⑰ volver	**vuelvo**	volví	volvía	he *vuelto*
	vuelves	volviste	volvías	has *vuelto*
	vuelve	volvió	volvía	ha *vuelto*
	volvemos	volvimos	volvíamos	hemos *vuelto*
	volvéis	volvisteis	volvíais	habéis *vuelto*
	vuelven	volvieron	volvían	han *vuelto*

◆再帰動詞　※ 再帰代名詞を太字で示しています。

levantarse	**me** levanto	**me** levanté	**me** levantaba	**me** he levantado
	te levantas	**te** levantaste	**te** levantabas	**te** has levantado
	se levanta	**se** levantó	**se** levantaba	**se** ha levantado
	nos levantamos	**nos** levantamos	**nos** levantábamos	**nos** hemos levantado
	os levantáis	**os** levantasteis	**os** levantabais	**os** habéis levantado
	se levantan	**se** levantaron	**se** levantaban	**se** han levantado

	直説法		接続法		命令法
未来形	過去未来形	現在形	過去形 (- ra)		
vendré	*vendría*	*venga*	*viniera*	−
vendrás	*vendrías*	*vengas*	*vinieras*	ven
vendrá	*vendría*	*venga*	*viniera*	−
vendremos	*vendríamos*	*vengamos*	*viniéramos*	−
vendréis	*vendríais*	*vengáis*	*vinierais*	venid
vendrán	*vendrían*	*vengan*	*vinieran*	−
veré	vería	*vea*	viera	−
verás	verías	*veas*	vieras	ve
verá	vería	*vea*	viera	−
veremos	veríamos	*veamos*	viéramos	−
veréis	veríais	*veáis*	vierais	ved
verán	verían	*vean*	vieran	−
volveré	volvería	*vuelva*	volviera	−
volverás	volverías	*vuelvas*	volvieras	*vuelve*
volverá	volvería	*vuelva*	volviera	−
volveremos	volveríamos	volvamos	volviéramos	−
volveréis	volveríais	volváis	volvierais	volved
volverán	volverían	*vuelvan*	volvieran	−

me levantaré	**me** levantaría	**me** levante	**me** levantara	−
te levantarás	**te** levantarías	**te** levantes	**te** levantaras	levántate
se levantará	**se** levantaría	**se** levante	**se** levantara	−
nos levantaremos	**nos** levantaríamos	**nos** levantemos	**nos** levantáramos	−
os levantaréis	**os** levantaríais	**os** levantéis	**os** levantarais	*levantaos* ※
se levantarán	**se** levantarían	**se** levanten	**se** levantaran	−

※ 2人称複数の肯定命令では語尾の -d を取り除いて -os をつけます。

著者
辻本千栄子（つじもと　ちえこ）
　大阪外国語大学大学院修士課程修了。流通科学大学元教授。
著書：『あいさつはオラ！　なんとかなりそうスペイン語会話』
　（三修社）、『やあ、元気？』『やあ、元気？２』（朝日出
　版社）

二村　奈美（ふたむら　なみ）
　神戸市外国語大学大学院修士課程修了。神戸市外国語大学、
　神戸大学海事科学部、流通科学大学等、関西学院大学、関西大
　学等で非常勤講師を務める。
著書：『あいさつはオラ！　なんとかなりそうスペイン語会話』
　（三修社）、『やあ、元気？』『やあ、元気？２』（朝日出
　版社）

CD付
スペイン語スピーキング

2010 年 8 月 15 日　第 1 刷発行
2024 年 4 月 25 日　第 6 刷発行

著　者 ── 辻本千栄子
　　　　　 二村　奈美

発行者 ── 前田俊秀

発行所 ── 株式会社　三修社
　　　　　〒 150-0001　東京都渋谷区神宮前 2-2-22
　　　　　TEL　03-3405-4511
　　　　　FAX　03-3405-4522
　　　　　振替　00190-9-72758
　　　　　https://www.sanshusha.co.jp
　　　　　編集担当　永尾真理

印刷所 ── 萩原印刷株式会社
CD 製作 ── 株式会社メディアスタイリスト

©2010 Printed in Japan　ISBN978-4-384-05541-2 C1087

カバーデザイン ── 土橋公政
本文イラスト ── 九重加奈子
本文組版 ── クゥール・エ

[JCOPY]〈出版者著作権管理機構　委託出版物〉
本書の無断複製は著作権法上での例外を除き禁じられています。複製される場合は、
そのつど事前に、出版者著作権管理機構（電話 03-5244-5088 FAX 03-5244-5089
e-mail: info@jcopy.or.jp）の許諾を得てください。